JAPANISCHE KERZENCHARTS

Einführung & First Steps Guide

Sonderausgabe 2019

Siegfried R. Becker

AF215624

JAPANESE CANDLESTICKS
Introduction & First Steps Guide

VORWORT

Was treibt den normalen Bürger an die Börse? Ganz einfach, es ist der Wunsch, sein Kapital abzusichern und es gleichzeitig bestmöglich zu vermehren.

Der Börsenhandel ist jedoch komplex und für den Laien oft sprachlich sogar unverständlich. Deshalb wird aus einem "normalen Bürger" erst nach gründlichem Studium des Börsenhandels und seiner Praktiken ein hoffentlich erfolgreicher "Börsianer".

Ausreichendes Börsenwissen, Strategie und Technik sind die Grundlagen eines "erfolgreichen Börsianers".

Dem Trader einer Investmentbank oder dem Verwalter eines amerikanischen Rentenfonds die CANDLESTICKS CHARTS erklären zu wollen, wäre eine hohnvolle unwillkommene Zumutung. Jeder professionell arbeitende Börsenaktivist kennt nicht nur bis ins Detail die Methode der Japanischen Kerzenanalyse, er ist sich auch bestens darüber bewußt, daß diese Technik ein hervorragendes Arbeitsgerät zur Vorhersage von Kursbewegungen sein kann.

"Sein kann", - aber ebenfalls nicht sein muß. Trader und professionelle Börsenanleger teilen sich in zwei fast gleichstarke Gruppen: die täglich mit ihr arbeitenden uneingeschränkten Befürworter der Japanischen Kerzencharts und die genauso überzeugten Gegner dieser Technik.

Das vorliegende Buch, klar, leichtverständlich und funktionell, wendet sich in erster Linie an ein breites, am Aktienmarkt interessiertes Publikum, das mit Hilfe der Grafiken der Japanischen Kerzenanalyse eigene Strategien zur Vorhersage von Kursentwicklungen entwickeln möchte.

Siegfried R. Becker

JAPANISCHE KERZENCHARTS

Einführung & First Steps Guide

JAPANESE CANDLESTICKS
INTRODUCTION & FIRST STEPS GUIDE

Herstellung und Verlag:
BoD – Books on Demand, Norderstedt.

ISBN: 978-3-744812832

© 2017-2019 Siegfried R. Becker
Kommunikation: esbe.books@gmail.com

Bibliografische Information der Deutschen Nationalbibliothek: Die Deutsche Nationalbibliothek verzeichnet diese Publikation in der Deutschen National- bibliografie; detaillierte bibliografische Daten sind im Internet über dnb.dnb.de abrufbar.

INHALTSVERZEICHNIS

INHALTSVERZEICHNIS
(Fortsetzung)

SEITE

INHALTSVERZEICHNIS (Fortsetzung)

PRÄSENTATION & BUCHAUFBAU

Ein Wort zur Präsentation der Kerzenkombinationen in diesem Buch:

Betrachtet man das Gesamtbild eines Kerzencharts, so kann man mit Sicherheit in den vorausgegangenen Börsensitzungen die unterschiedlichsten Kerzenkombinationen und Signale erkennen und die ihnen zugestandenen Aussagen problemlos für richtig oder falsch erklären.

Ganz anders sieht es aus, betrachtet man die letzte Kerze, - also die Kerze der momentanen Börsensitzung oder des soeben vergangenen Börsentages, welche den Börsianer zu einer Investitionsentscheidung anleiten soll. Um in diesem Moment die richtige Kursentwicklung vorauszusehen hilft nur ein möglichst solides Grundwissen und ausreichende Praxiserfahrung.

Um auch dem Neueinsteiger oder dem weniger routinierten Börsianer eine Entscheidungsstütze zu sein, sind in diesem Buch die einzelnen Kerzen oder Kerzenkombination nicht wie sonst üblich alphabetisch oder nach Aussagekraft geordnet. Ihre je nach Farbe bestimmte Einordnung geht stets von der LETZTEN in der Grafik sichtbaren Kerze aus.

Das heißt, betrachtet der Leser die letzte Kerze und schwenkt seinen Blick auf die links davon ersichtlichen vorangegangenen Kerzen, so ersieht er zunächst einmal die Tendenz, also Aufwärtstrend, (HAUSSE), oder Abwärtstrend, (BAISSE).

Die Farbe der letzten Kerze, (weiß oder schwarz), und die vorausgegangene Tendenz bestimmen das aufzusuchende Kapitel.

Auf den folgenden Seiten werden fast 100 der bekanntesten Kerzenfiguren und Kerzenkonstellationen vorgestellt.

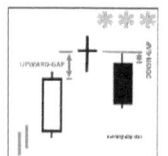 Auf der jeweiligen Einführungsseite eines jeden Kapitels findet der Leser eine Zusammenfassung des jeweiligen Kapitelinhalts in Form von Kerzenminiaturen.

Einige dieser Miniaturen, wie auch ebenfalls die im Kapitel folgenden Skizzen der Kerzenkombinationen, sind mittels Sternen besonders gekennzeichnet. Diese Sterne deuten auf die Zuverlässigkeit der Signalwirkung hin, die von den einzelnen Figuren ausgeht.

***   3 Sterne = hohe Zuverlässigkeit der Voraussage.

**   2 Sterne = mittelmäßige Zuverlässigkeit.

*   1 Stern = nur bedingte Zuverlässigkeit der Voraussage.

Kerzen oder Kerzenkombinationen ohne Sterne sollten mit großer Vorsicht in Betracht genommen werden.

Generell drücken diese Beurteilungen mittels Sternen nur die Meinungen und Erfahrungen einer Mehrzahl von Tradern, die täglich die Candlesticks Charttechnik in ihren Voraussagen einsetzen, aus.

Wenn diese Sterne nur die Meinungen einer Mehrzahl der Trader, und nicht aller Trader wider gibt, so muß darin erinnert werden, daß die Börse nur funktionieren kann, solange sich zwei komplett in Opposition befindliche Meinungen gegenüberstehen. Der Verkäufer glaubt in einem bestimmten Moment den bestmöglichen Preis erzielt zu haben, wogegen der Käufer im selben Moment von einer Kursentwicklung mit Wertzuwachs überzeugt ist.

Erklärungen zum Kapitelaufbau:

Zur Erinnerung: Um dem vielleicht noch unerfahrenen Börsianer eine Entscheidungsstütze zu sein, sind in diesem Buch die einzelnen Kerzen oder Kerzenkombination nicht wie sonst üblich alphabetisch oder nach Aussagekraft geordnet. Ihre je nach Farbe bestimmte Einordnung geht stets von der **LETZTEN in der Grafik sichtbaren Kerze** aus.

Das heißt, betrachtet der Leser die letzte Kerze und schwenkt seinen Blick auf die links davon ersichtlichen vorangegangenen Kerzen, so ersieht er zunächst einmal die Tendenz, also Aufwärtstrend, (HAUSSE), oder Abwärtstrend, (BAISSE) und danach die Farbe der LETZTEN Kerze.

 Besitzt die LETZTE Kerze eine besondere Form, entweder auffällig lang oder nur sehr kurzer Körper, mit oder ohne Docht oder Lunte, usw....
so sucht man zuerst im **KAPITEL 1**.

 Ist die Tendenz von einer HAUSSE bestimmt, (Aufwärtstrend), und die letzte Kerze schwarz, so sucht man **in KAPITEL 2.**

 Ist die Tendenz von einer HAUSSE bestimmt, (Aufwärtstrend), und die letzte Kerze weiß, so sucht man **in KAPITEL 3.**

 Ist die Tendenz von einer BAISSE bestimmt, (Abwärtstrend), und die letzte Kerze schwarz, so sucht man **in KAPITEL 4.**

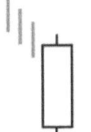 Ist die Tendenz von einer BAISSE bestimmt, (Abwärtstrend), und die letzte Kerze weiß, so sucht man **in KAPITEL 5.**

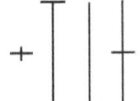 In einer Tendenz der HAUSSE, (Aufwärtstrend), oder BAISSE, (Abwärtstrend), ist die letzte Kerze ein DOJI, so sucht man **in KAPITEL 6.**

FIGUREN – INHALTSVERZEICHNIS

(Seitenzahl innerhalb der Figur)

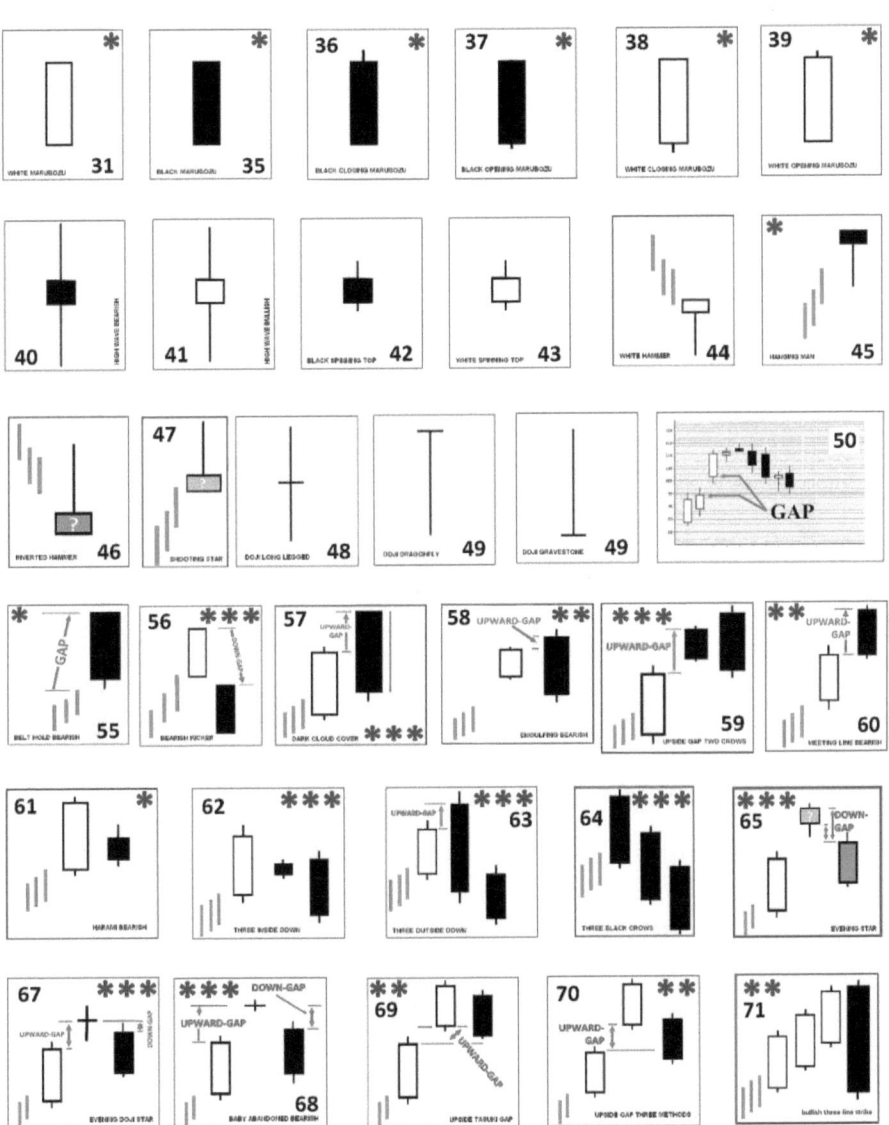

FIGUREN – INHALTSVERZEICHNIS

(Seitenzahl innerhalb der Figur)

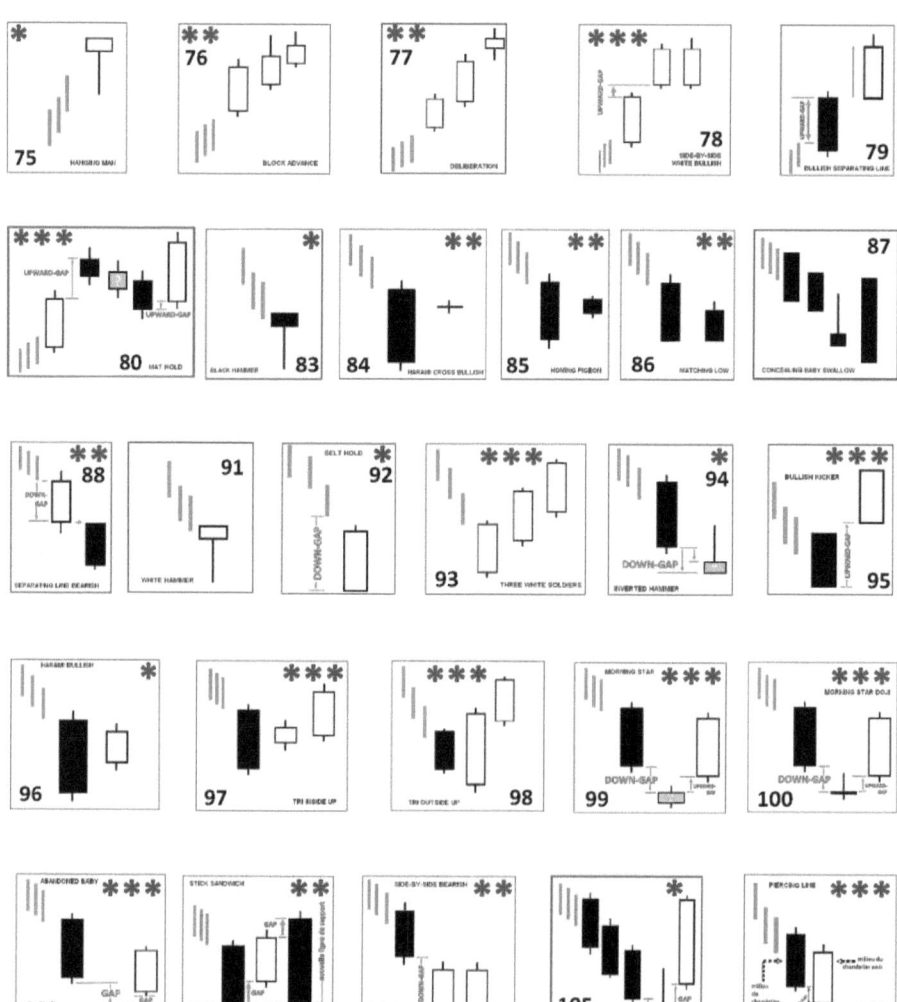

FIGUREN – INHALTSVERZEICHNIS

(Seitenzahl unterhalb der Figur)

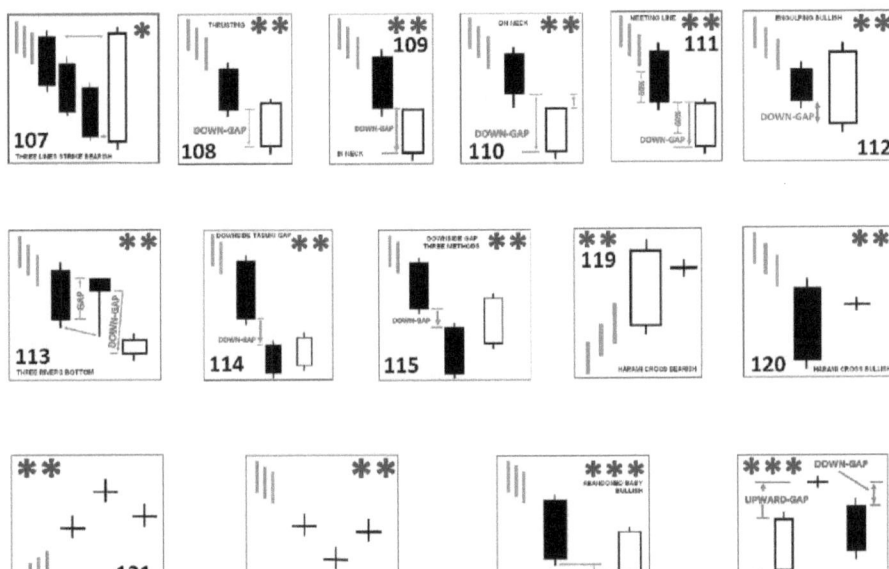

EINLEITUNG

Die verschiedenen Formen der technischen Analyse

Die Grafik mittels Kurven und Linien

Die Tendenz dank des Durchschnittkurses

Die Grafik der Balken Charts

Wer würde an der Börse auch nur eine einzige Order wagen, ohne sich vorher so ausgiebig wie nur möglich über ein Wertpapier oder dessen ihm zugrunde-liegende Wertobjekt informiert zu haben? Aktien, Anleihen, Zertifikate, usw.... - niemand kann sich ernsthaft vorstellen, sein Geld leichtsinnig ohne vorherige Analyse aufs Spiel zu setzen.

Um Fehlentscheidungen weitgehend zu vermeiden, kennt man an der Börse zwei Analysemethoden: Die Fundamentalanalyse und die technische Analyse.

Die Fundamentalanalyse basiert auf allgemeinökonomischem Hintergrund-wissen über das an der Börse notierte Wertpapier. Das heißt, handelt es sich um eine zu erwerbende Aktie, so werden von einer Fundamentalanalyse, die auch eine Finanzanalyse einschließt, sämtliche kaufmännischen Zahlen und Daten sowie die Entwicklungschancen des hinter der notierten Aktie befindli-chen Unternehmens durchleuchtet und bewertet. Aufgrund der Komplexität einer solchen Fundamentalanalyse bleibt diese eine Domäne hochqualifizier-ter Finanzexperten.

Die mittels Grafiken präsentierte **technische Analyse** ist dagegen jedem pas-sionierten Börsianer zugänglich. Sie wird allein auf Zahlen der Kursentwick-lung basierend und oft ohne jedes fundamentale Hintergrundwissen erstellt.

Wenn ein Teil der "Fundamentalisten", also Finanzspezialisten, die immerhin über solide Kenntnisse der Börsenwelt und deren Werte verfügen, die Effek-tivität der technischen Analyse anzweifelt, so muß anerkannt werden, daß die Mehrheit der an der Börse tätigen Finanzmakler und Trader keine einzige Or-der ohne zu Hilfenahme der technischen Analyse erteilen würde.

Die Ideologie der "Techniker" ist folgende: Die von den "Fundamentalisten" so hochbewerteten aktuellsten Zahlen und Allgemeindaten sind im Moment der Notierung bereits vom Börsenkurs voll integriert worden. Das heißt, sobald sich eine fundamentale Wirtschaftszahl verändert oder ein unerwartetes Fir-menereignis stattfindet und bekannt wird, paßt sich der Börsenkurs diesem Event sofort an.

Die "Techniker" sagen weiterhin: Finanzmärkte besitzen Memoiren und ent-wickeln selbständig periodische Tendenzen. Diese werden von einer an der Börse charakteristischen Autodynamik ohne jegliche Einwirkung fundamenta-ler Daten ausgelöst.

Diverse Formen der technischen Analyse

Die technischen Analysen drücken in ihren Grafiken nicht nur den materiellen momentanen Wert eines Papieres aus, sondern vermitteln ebenfalls einen Einblick über das sentimentale und materielle Denken und Verhalten der Börsianer.

Die technischen Analysen benutzen in ihren Grafiken diverse Techniken und Methoden. Diese basieren oft auf sehr unterschiedlichen Börsenzahlen und - daten. Der Sinn der technischen Analysen liegt nicht in der Vergangenheit. Die Technischen Analysen dienen der Voraussicht kurz- oder langfristiger Entwicklungen künftiger Börsenkurse.

Die drei bekanntesten Techniken der Börsengrafiken sind:

- Die Darstellung der Kurse mittels Linien und Kurven;

- die Grafiken der BarCharts;

- die Japanische Kerzentechnik oder Candlesticks Charttechnik.

Andere grafische Analysen bleiben meist den privaten Börsianern mangels notwendiger interner Börseninformationen verschlossen und nur professionellen Akteuren zugänglich.

Dies sind zum Beispiel:
- der MACD, eine sehr oft angewandte Indexanalyse;
- der RSI analysiert die Dynamik des Marktes;
- die Bollinger Bänder;
- die Analyse der direktionalen Bewegung;
- die Punkte und Figuren Methode;
- die Analysen ETE und ETAI;
- das Momentum;
- das Ease of Mouvement;
- die Schulter -- Kopf – Schulter Methode;
usw.

Diese Liste ist zwangsläufig unvollständig

LINIEN UND KURVEN

Die einfachste, aber auch am meisten angewandte Form Kurse mittels Grafiken zu analysieren, erfolgt mit Linien und Kurven. Diese Art von Grafiken gestattet, eine Kursentwicklung mittels Punkten, die untereinander durch Linien verbunden sind, in einer bestimmten Zeitperiode darzustellen.

Da diese Grafiken es nicht erlauben, sämtliche Informationen über das Geschehen innerhalb einer Börsensitzung gleichzeitig darzustellen, wird der Analyst bei der Darstellung der Börsenkurse mittels Linien gezwungen, eine Auswahl der Kriterien vorzunehmen. Entweder er basiert seine Analyse auf den jeweiligen Schlußkursen, den Eröffnungskursen, den Sitzungshöchstkursen, usw....

Die Möglichkeiten sind fast unbegrenzt, jedoch schwer in nur einer einzigen Grafik gemeinsam darzustellen. Die wohl meisten Grafiken bedienen sich des Börsenschluß Kurses als Basis Instrument. Sie ermöglichen, wie andere Grafiken ebenfalls, die Definition von Unterstützungs- und Widerstandslinien.

Als Exempel diese Grafik: Sie zeigt über den Zeitraum eines Jahres die Kursentwicklung eines notierten Wertpapieres an.

Die vertikale linke Seitenlinie ist die Kursskala, die horizontale Grundlinie die Zeitlinie.

Die horizontale Grundlinie gibt den Zeitraum, von Januar bis Januar +12, wider.

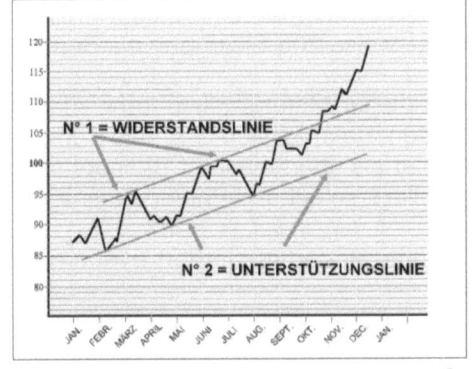

Die Zig-zag Linie zeigt die Kursentwicklung innerhalb des Zeitraumes von 12 Monaten. Zugrunde liegen jeweils die entsprechenden Sitzung Schlußkurse. Diese Kurslinie beginnt in diesem Exempel bei einem Wert von 87 im Monat Januar und endet mit dem Zeitpunkt Januar +12 mit dem Wert von 119,5.

Die Linie N° 1 zeigt die aus der Kursentwicklung ersichtliche Widerstandslinie. Trotz mehrmaliger Versuche der Börsianer in den Monaten von Januar bis September, den Kurs über diese Widerstandslinie zu hinaus zu treiben, die Eigendynamik des Marktes zwang den Kurs stets zu einer erneuten Baisse, einem Kursabfall.

Die Linie N°2 zeigt dagegen die in diesem Zeitraum wirksame Unterstützungslinie. Zu keinem Moment sank der Kurs unter diese Linie. Auch diese Linie ist
für die Nutzer der technischen, also grafischen Analyse auf die Eigendynamik
der Kursentwicklungen zurück zu führen.

KURSDURCHSCHNITTSLINIE

In einer Liniengrafik wird die Kursentwicklung mittels einer Zickzacklinie dargestellt.

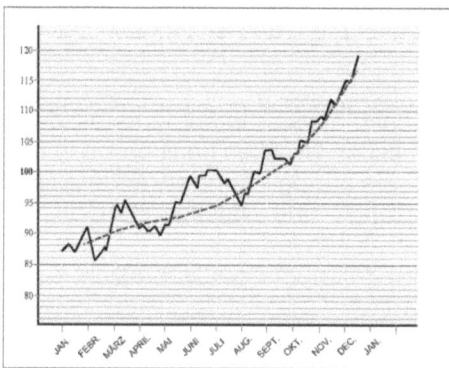

Diese Linie verbindet die oft weit aus-
einanderliegenden Punkte, die meistens die jeweiligen
Sitzungsschlusskurse darstellen.

Dadurch entsteht diese Zickzacklinie.

Errechnet man nun den Durch-
schnittskurs, das heißt, dividiert man
eine Anzahl von Kursen durch die
gleiche Anzahl von Sitzungen, und
zeichnet das Ergebnis in die Grafik
ein, so erhält man eine Mittelwertlinie. Je nach Zeitraum, werden 28, bezie-
hungsweise 200 Sitzungen als Berechnungsanzahl verwendet.

Aus dieser Mittelwertlinie kann man die Bewertung eines notierten Papiers
deuten. Befindet sich der reale Kurs oberhalb dieser Mittelwertlinie, so gilt das
Papier als überbewertet. Befindet sich der reale Kurs unterhalb dieser Mittelwertlinie, so gilt das Papier als unterbewertet.

Daraus wiederum werden eventuelle Kauf- oder Verkaufsmomente ersichtlich.

BALKENCHARTS

Die BarCharts benutzen einen horizontalen Strich, der die Kursveränderung zwischen dem Höchst- und dem Tiefstkurs innerhalb einer Sitzung widerspiegelt.

Dieser Längsstrich wird professionell auch "Range" genannt.

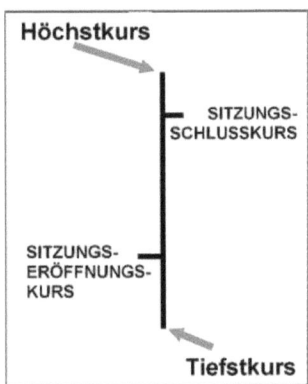

Der Eröffnungskurs wird auf der linken, der Schlußkurs auf der rechten Seite des Längsstrichs mittels eines kleinen Häkchens eingezeichnet.

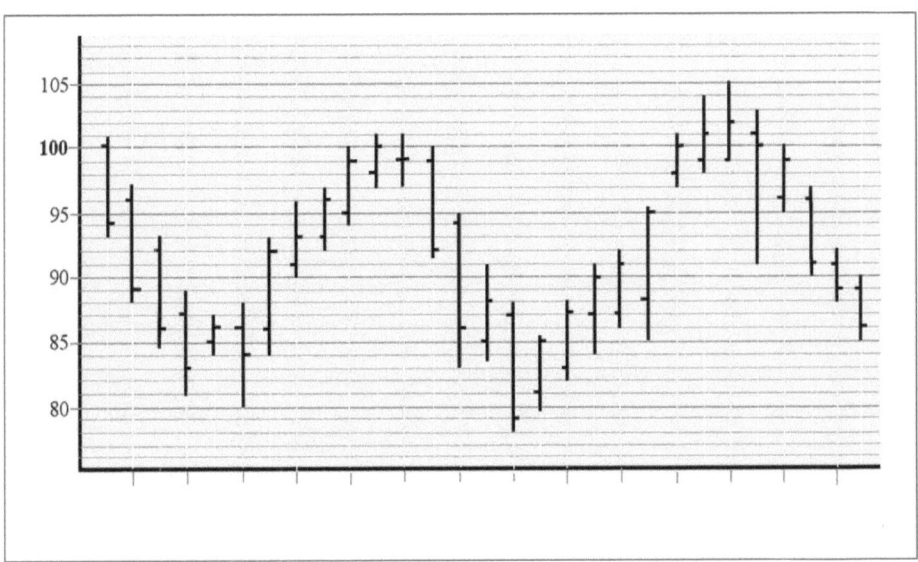

Die technische Analyse mittels BarCharts ist vor allem die Domäne professioneller Trader. Das Lesen und Entziffern der BarCharts setzt ausreichende Übung und Erfahrung voraus.

KERZENTECHNIK

Die JAPANISCHE KERZENTECHNIK, englisch JAPANESE CANDLE-STICKS, ist zum ersten Mal im 18.Jahrhundert von einem japanischen Reishändler angewandt, wahrscheinlich sogar erfunden worden. Man sagt, die Zuhilfenahme dieser Kerzentechnik in seinen Reisgeschäften hätte es ihm ermöglicht, ein bedeutendes Vermögen anzuhäufen.

In Bänkerkreisen, und mehr und mehr auch bei privaten Anlegern, erfreut sich die JAPANISCHE KERZENTECHNIK besonderer Beliebtheit.

Sowohl im mittel- und langfristigen Investmentbanking, als auch im Day-Trading, gehören die CANDLESTICKS CHARTS zum ständigen Tagesgeschäft. Keine andere grafische Kursdarstellung beleuchtet das aktuelle Börsenklima anschaulicher als die JAPANISCHE KERZENTECHNIK.

Wenn heute dank moderner Computer-Technologie der Mensch immer weniger in das schnelle Börsengeschehen eingreift, so ist die federführende Instanz doch immer noch der Mensch, sei dies als Programmierer hochkomplexer Computersysteme oder als aktiver Trader. Deshalb sind die psychologische Gemütslage und der momentane Aktionswille der Investoren unumgängliche Faktoren des Börsenhandels. Die JAPANISCHE KERZEN-TECHNIK ist hervorragend geeignet, gerade diese Faktoren grafisch darzustellen.

Dazu kommt, daß die CANDLESTICKS CHARTS relativ hohe Erfolgsquoten bei der Tendenzvorhersage vorweisen. Diese liegen, amerikanischen Studien zufolge, zwischen 60 und 79 Prozent. Dies ist beachtlich.

Diese hohen Erfolgsquoten setzen jedoch eine gründliche Ausbildung und Vorbereitung auf die Interpretation der von den CANDLESTICKS Grafiken ausgehenden Signale voraus.

Ein CANDLESTICKS Signal kann sowohl von einer einzigen, als auch von einiger Kombination mehrerer Kerzen ausgehen.

Eine einzelne Kerze, wie zum Beispiel der HAMMER, kann je nach vorausgehender Tendenz ein kraftvolles Umkehrsignal ausdrücken.

Wobei jedoch gesagt sein muß, daß die Zuverlässigkeit oder auch Vertrauenswürdigkeit des Signals zwar unabhängig von der Anzahl der Kerzen ist, jedoch bei aus mehreren Kerzen bestehenden Konstellationen meist Größer ist als bei einem Signal bestehend aus nur einer einzelnen Kerze. Dass sich die Qualität der überbrachten Informationen durch eine Mehrzahl an Kerzen vergrößert, ist logisch und nicht bestreitbar.

Die japanische Börsenliteratur kennt eine Vielzahl an Kerzenformationen, die entweder eine Tendenzwende oder den Fortbestand eines Trends voranzeigen. Die beiden bekanntesten Figuren sind wohl der "HAMMER" und der "HANGING MAN", zwei einzelne Kerzen, die als Vorzeichen für einen bevorstehenden Trendwechsel zu deuten sind. Andere sehr glaubwürdige Formationen tragen Namen wie "MORNING STAR", "ENGULFING ", " PIERCING LINE " oder "THREE WHITE SOLDIERS".

So glaubwürdig wie sich manche Signale auch präsentieren, ein umsichtiger privater Börsianer würde niemals, ausgenommen im "Day-trading", aufgrund eines einzigen Signals, welcher Herkunft es auch sei, eine Investitionsentscheidung treffen. Deshalb sollte vor einer Positionsnahme stets ein sogenanntes Indiz zu Hilfe gezogen werden. Eines der zuverlässigsten Indikatoren ist der im Anhang näher erklärte "Relative Stärke Indikator", (engl.: relative strength Index), kurz mit R S I bezeichnet.

Im Gegensatz zu den BarCharts, die nahezu die gleichen Informationen wie die Kerzengrafiken übermitteln, sind Letztere mit einer leicht ablesbaren zusätzlichen Dimension versehen: der psychologischen Verfassung der Börsianer. Die Größe der Kerzenkörper, klein oder imposant, sowie deren Färbung, weiß, schwarz, rot oder grün, geben sehr anschaulich den momentanen Willen eventueller Käufer oder Verkäufer wider.

Die für eine allgemeine Kerzenfigur vermittelt vier Kursinformation:

1. Den Eröffnungskurs;

2. den Schlußkurs;

3. den Höchstkurs, gekennzeichnet durch einen vertikalen Strich, genannt Docht, oberhalb des Kerzenkörpers;

4. den Tiefstkurs, gekennzeichnet durch einen vertikalen Strich unterhalb des Kerzenkörpers, genannt Lunte.

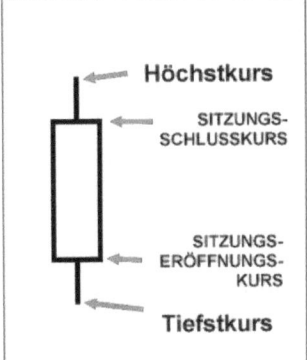

Die Position des Eröffnung- und des Schlußkurses geben einen Hinweis auf den Trend, bullish oder bearish. Bullish, bildlich oft von einem Bullen dargestellt, wenn die in Sitzung in einer Aufwärtsstimmung verläuft, - bearich, bildlich von einem Bären dargestellt, wenn die in Sitzung in einer Abwärtsstimmung verläuft.

Wenn der Eröffnungskurs niedriger ist als der Schlußkurs, so wird der Aufwärtstrend als "bullish" bezeichnet. Das notierte Papier wurde bei Sitzungsende teurer gehandelt als bei der Eröffnung. Die Kerze ist weiß oder auch gelegentlich grün.

Ist der Eröffnungskurs dagegen höher als der Schlußkurs, so wird der Abwärtstrend als "bearish" bezeichnet. Das notierte Papier wurde bei Sitzungsende billiger gehandelt als bei der Eröffnung. Die Kerze ist schwarz oder auch gelegentlich rot.

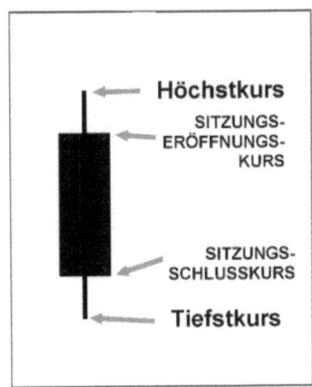

Die momentane Stimmung der Börsianer drückt sich durch die Größe des Kerzenkörpers aus: Je imposanter der Kerzenkörper desto Größer sind die Erwartungen der Börsianer nach deutlicher Kursveränderung.

Docht und Lunte, die vertikalen Striche oberhalb und unterhalb der Kerzenkörper, sind ebenfalls in dieses Stimmungsbarometer einzuschließen.

Erstes Beispiel:

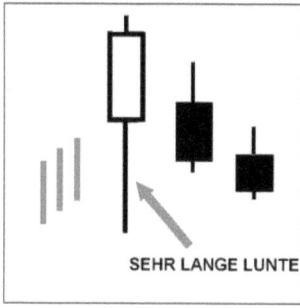

SEHR LANGE LUNTE

Eine sehr lange Lunte, ein vertikaler langer Strich unterhalb des Kerzenkörpers in einem Aufwärtstrend, drückt den Willen der Börsianer aus, den Kurs sehr stark zu senken.

Börsenlogik: Der augenblickliche Kurs befindet sich nahe einer zumutbaren Höchstgrenze. Die Börsianer profitieren davon. Sie verkaufen in großen Mengen und stecken den erzielten Wertzuwachs ein. Sie könnten mit diesem Verhalten eine neue Widerstandslinie zeichnen.

Zweites Beispiel:

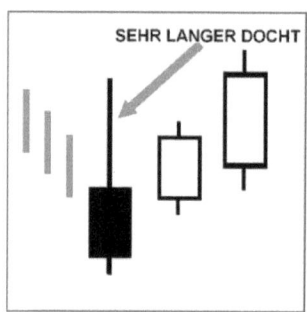

SEHR LANGER DOCHT

Ein sehr langer Docht, ein vertikaler langer Strich oberhalb des Kerzenkörpers in einem Abwärtstrend, drückt den Willen der Börsianer aus, den Kursabfall zu stoppen und kann einen Trendwechsel ankündigen.

Börsenlogik: Da sich der Kurs auf einem sehr niedrigen Niveau befindet vermehren sich die Kaufanfragen. Mehr Kaufanfragen als Verkaufsangebote, also erhöhen die Verkäufer den Preis, sprich Kurs. Sie könnten mit diesem Verhalten eine neue Unterstützungslinie zeichnen.

Daraus wird ersichtlich wie informationsreich Kerzenkonstellationen sein können. Vorausgesetzt man weiß sie zu deuten und richtig im Trading einzusetzen.

ERSTES KAPITEL - 1

KERZENSIGNALE, die aus nur einer einzigen Figur bestehen:

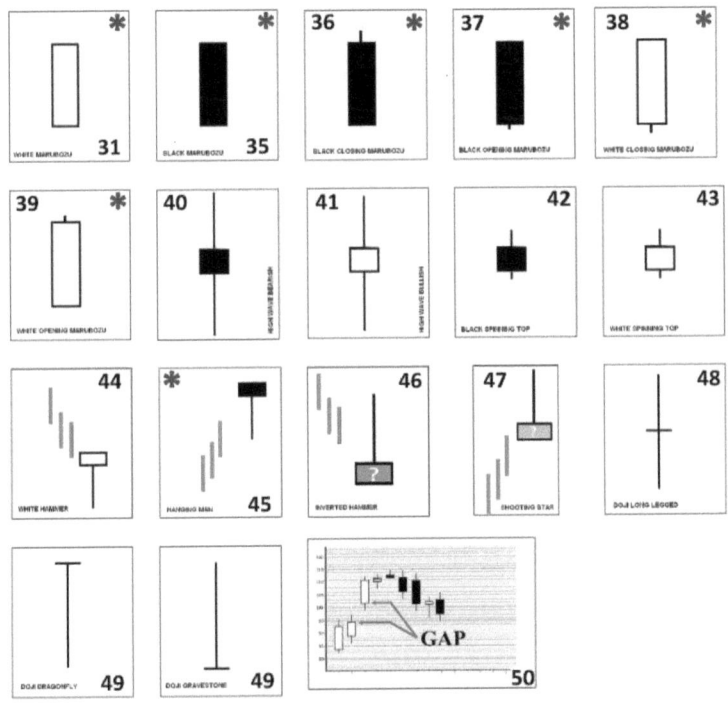

WHITE MARUBOZU

Weißer BLOCK

Die Basisfigur der Japanischen Kerzentechnik ist der WHITE MARUBOZU, ein weißer Block ohne Docht oberhalb des Blockes, sowie ohne Lunte unterhalb des Blockes.

WHITE MARUBOZU

Der Eröffnungskurs ist zugleich der Tiefstkurs der gesamten Sitzung. Während dieser Börsensitzung stieg der Kurs und Schloß mit dem Höchstkurs der Sitzung.

Börsenlogik: Damit eine solche Figur zustande kommt, muß die Nachfrage der Käufer sehr stark sein. Diese starke Nachfrage treibt den Kurs in die Höhe. Je stärker die Nachfrage, desto höher steigt der Kurs und somit die Größe des Weißen BLOCKES. Je Größer dieser Block, desto mehr Beachtung sollte ihm gebühren. Ein sehr mächtiger WHITE MAROBUZU könnte einen weiteren Kursanstieg für die folgenden drei oder vier Börsensitzungen ankündigen. Ein nur kurzer Weißer BLOCK besitzt keine Aussagekraft.

Der Weiße BLOCK entsteht oft auf Grund von begründeten sowie auch nicht fundierten Börsengerüchten und muß deshalb mit Vorsicht betrachtet werden. Auch kann eine überhöhte Kaufnachfrage der Anlaß für einen überstarken WHITE MARUBOZU sein.

Die Candlesticks Analyse kann eine hervortragende Unterstützung bei der Voraussage von Kursentwicklungen sein. Man sollte jedoch die Schwächen der Kerzenanalyse nie vergessen: Diese Analyse ist rein technisch ohne Einbezug unvorhersehbarer ökonomischer Entwicklungen. Sie basiert auf vergangenen Kursentwicklungen und läßt momentane, plötzlich auftretende industrielle oder monetäre Ereignisse außer Betracht.

Betrachtet man eine Kerzengrafik nach Ablauf einiger Börsensitzungen ist es relativ einfach, den ersichtlichen Kerzenkombinationen ihre Bedeutung abzulesen. Im Entscheidungsmoment aber, also bei Betrachtung der LETZTEN Kerze einer Grafik, ist eine Beurteilung der Kerzenkombination schon bedeutend schwieriger.

Beispiel 1 :

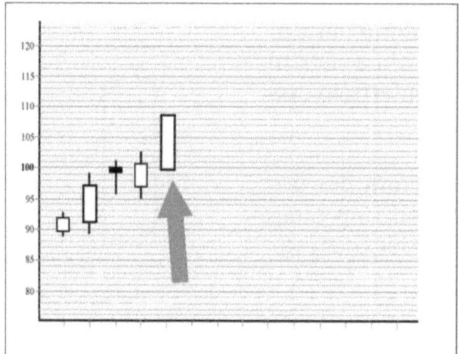

Eine Börsensitzung im Aufwärtstrend schließt mit einem bedeutenden WHITE MARUBOZU. Ist dies ein Signal der Fortsetzung des Aufwärtstrends?

Börsenlogik: Es geht ein Übernahmegerücht um, nach dem ein Konkurrent alle Papiere dieses Unternehmens, "koste es was es wolle", aufkaufen möchte.

Dies läßt im Prinzip eine Aufwärtsrallye des Kurses erwarten. Diese Aufwärtsbewegung müßte fortdauern bis der Interessent die gewünschte Anzahl von Papieren aufgekauft haben wird.

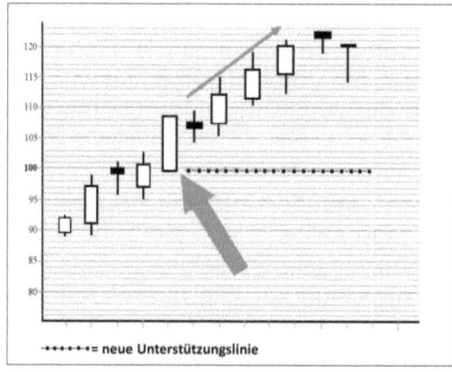

-•••••• = neue Unterstützungslinie

Angefacht von diesem Übernahmegerücht dauert der Aufwärtstrend noch einige Sitzungen an.

Beispiel 2 :

Dem WHITE MARUBOZU zum Trotz, die Kurse in den folgenden Sitzungen gehen steil bergab. Ein Abwärtstrend installiert sich.

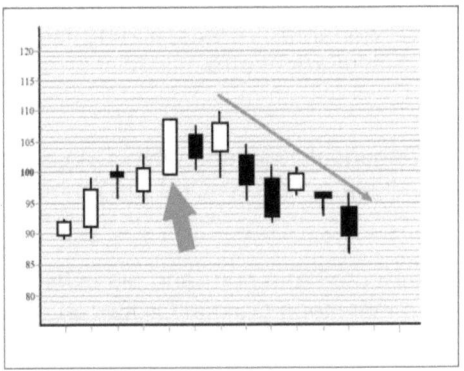

Börsenlogik: Das Gerücht hat sich als unwahr bewiesen und die Kaufspekulanten geben ihre Positionen massenhaft zurück.

Diese zwei Beispiele zeigen, daß es äußerst riskant ist, eine Investitionsentscheidung zu treffen, die nur auf einem einzelnen Indiz basiert.

Sollte der Investor oder Börsianer nicht die nötige Zeit besitzen, um die folgenden Sitzungen und deren Kerzenentwicklungen abwarten zu können, so sollte er zumindest andere Börsenindizes, wie zum Beispiel den PER, (Price Earning Ratio), oder manchmal auch nur den eigenen Verstand, zu raten ziehen.

LONG DAYS – SHORT DAYS

Übermäßig große weiße oder schwarze Kerzen, die weder Docht noch Lunte, oder gerade äußerst wenig Docht oder Lunte, aufweisen, werden LONG DAYS genannt. Voraussetzung ist, daß der Abstand zwischen Eröffnungs- und Schlußkurs beträchtlich ist.

Im Gegensatz zu den LONG DAYS werden kurze weiße oder schwarze Kerzen allgemein als SHORT DAYS bezeichnet.

Eine Kerze kann nur dann als LONG DAY bezeichnet werden, wenn ihr Körper mindestens dreimal Größer ist als der Körper der vorangehenden Kerze.

> *Börsenlogik: Erscheint in einem längerdauernden Aufwärtstrend ein WHITE LONG DAY, so ist anzunehmen, daß der Aufwärtstrend fortbesteht und eine neue Serie von Sitzungen mit Kurssteigerungen eingeleitet wird. Dieser LONG DAY oder WHITE MARUBOZU kann die Basis einer neu zu bestimmenden Unterstützungslinie werden.*

> *Erscheint jedoch in einem längerdauernden Aufwärtstrend ein BLACK LONG DAY, also ein SCHWARZER BLOCK, so muß dieses als ein Alarmzeichen bewertet werden. Dieser BLACK MARUBOZU kann das Ermüden der Käufer signalisieren und somit einen Wechsel zum Abwärtstrend einläuten.*

WHITE LONG DAY oder BLACK LONG DAY, der vorsichtige Börsianer wartet die Kerzenkonfiguration der folgenden Sitzungen ab, bevor er eine Positionsentscheidung trifft.

BLACK MARUBOZU

SCHWARZER BLOCK

Verglichen mit dem Weißen BLOCK hat der BLACK MARUBOZU nur wenig Aussagekraft.

BLACK MARUBOZU

Die Entstehung eines Weißen BLOCKES ist nur dann möglich, wenn ein starker Käuferwille vorhanden ist, der den Kurs in die Höhe treibt.

Zur Bildung eines SCHWARZEN BLOCKES genügt allein schon eine Inertie, also ein Stillstand des Marktes.

> *Börsenlogik: Der BLACK MARUBOZU drückt eigentlich die Ungewißheit des Marktes aus. Die Verkäufer bieten genügend Papier an, die Käufer sind sich jedoch sehr unschlüssig und gehen vorzugsweise in eine Abwarte Haltung.*

Ein SCHWARZER BLOCK allein ist nur ein sehr fragwürdiges Signal.

Der BLACK MARUBOZU verlangt stets Konfirmation in den folgenden Sitzungen.

Nur ein über verhältnismäßig großer Wertpapierumsatz kann das schwache Signal des BLACK MARUBOZU in ein starkes Signal umwandeln.

BLACK CLOSING MARUBOZU

Der BLACK CLOSING MARUBOZU unterscheidet sich vom BLACK MARUBOZU nur durch das Vorhandensein eines sehr kurzen Dochtes oberhalb des Kerzenkörpers.

Dieser kurze Docht entsteht gewöhnlich kurz nach Eröffnung der Sitzung.

Börsenlogik: Einen kurzen Moment haben die Käufer versucht, den Kurs über den Eröffnungskurs hinaus nach oben zu drücken. Aber die Kaufanfrage war zu schwach, um diesen Sitzungshöchstkurs zu halten. Dadurch wurde die wahre Tendenz nach unten sichtbar, was von den Verkäufern sofort reichlich ausgenutzt wurde.

Dies ist ein klassisches Warnsignal, das häufig das Ende einer Aufwärtstendenz anzeigt.

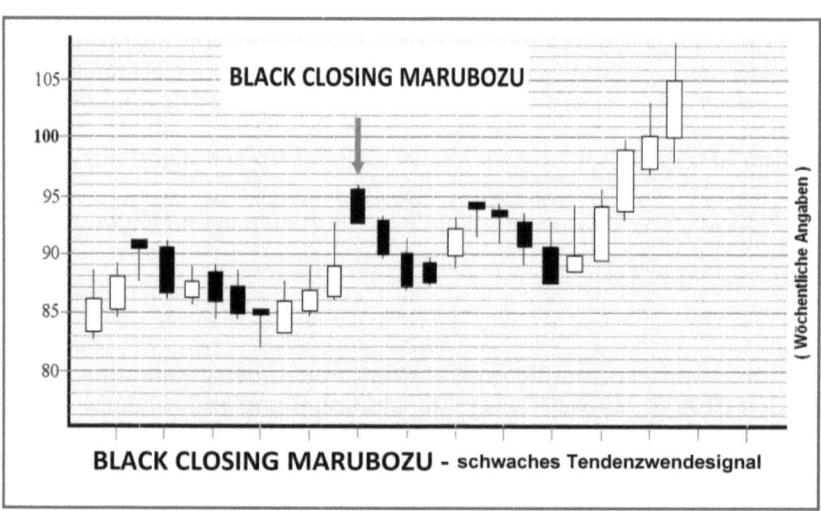

Wie alle schwarzen Blöcke ist der BLACK CLOSING MARUBOZU nur ein schwaches Signal und benötigt zusätzliche Indizien zu einer Stellungnahme.

BLACK OPENING MARUBOZU

Der BLACK OPENING MARUBOZU unterscheidet sich vom originalen BLACK MARUBOZU nur durch das Vorhandensein einer kurzen Lunte unterhalb des Kerzenkörpers.

BLACK OPENING MARUBOZU

Börsenlogik: Die schwache Nachfrage seitens der Käufer zwang den Kurs während der Sitzung steil nach unten. Nur mit Mühe konnte ein noch tieferer Kurs verhindert werden. Die Sitzung Schloß jedoch mit einem Kurs nur kurz über dem Sitzungstiefstkurs.

Die Tendenz ist weiterhin: Verkaufsstimmung

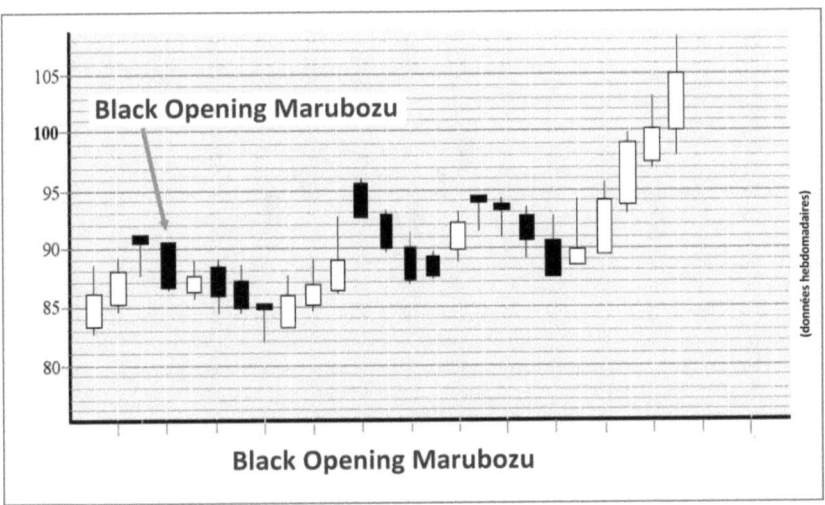

Black Opening Marubozu

Der BLACK OPENING MARUBOZU allein ohne ein weiteres Indiz erlaubt keine Stellungnahme.

WHITE CLOSING MARUBOZU

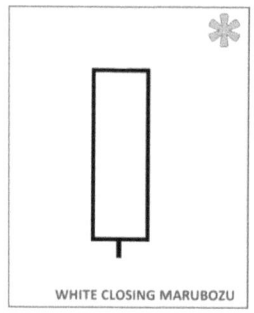

WHITE CLOSING MARUBOZU

Der WHITE CLOSING MARUBOZU unterscheidet sich vom originalen WHITE MARUBOZU nur durch das Vorhandensein einer kurzen Lunte unterhalb des Kerzenkörpers.

Börsenlogik: Die anfänglich schwache Nachfrage seitens der Käufer zwang den Kurs zuerst nach unten und erzeugte somit einen Tiefstkurs unterhalb des Eröffnungskurses. Die Nachfrage seitens der Käufer verstärkte sich jedoch im Laufe der Sitzung bedeutend. Die Sitzung Schloß sogar mit einem Sitzungshöchstkurs.

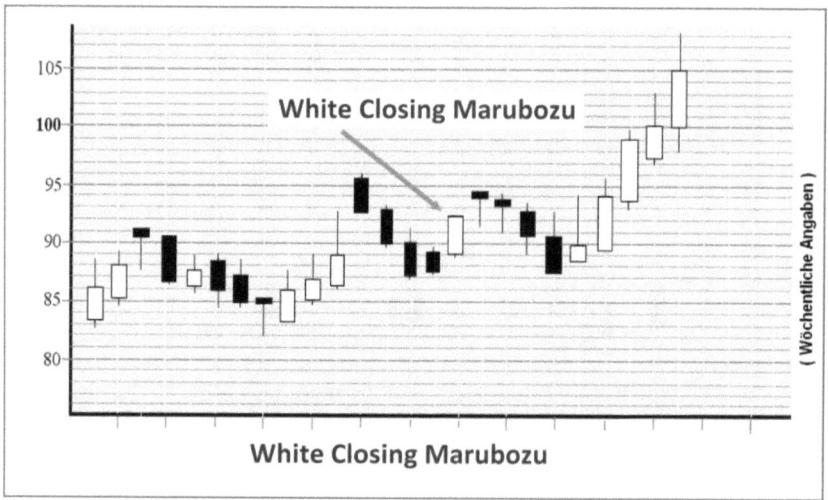

Das Signal des WHITE CLOSING MARUBOZU allein ist zu schwach, um über eine Positionsnahme zu entscheiden.

WHITE OPENING MARUBOZU

Der WHITE OPENING MARUBOZU unterscheidet sich vom originalen WHITE MARUBOZU nur durch das Vorhandensein eines kurzen Dochtes oberhalb des Kerzenkörpers.

WHITE OPENING MARUBOZU

Börsenlogik: Eine bedeutende Kaufnachfrage trieb den Kurs sofort nach Sitzungsbeginn in die Höhe. Der momentane Höchstkurs konnte jedoch nicht gehalten werden. Die Sitzung Schloß mit einem Kurs kurz unterhalb des Sitzungshöchstkurses.

Die Größe des Kerzenkörpers drückt die Stärke der Aussagekraft des WHITE OPENING MARUBOZU aus. Nur ein imposanter Körper mit einem sehr kurzen Docht kann als ein Signal beachtet werden.

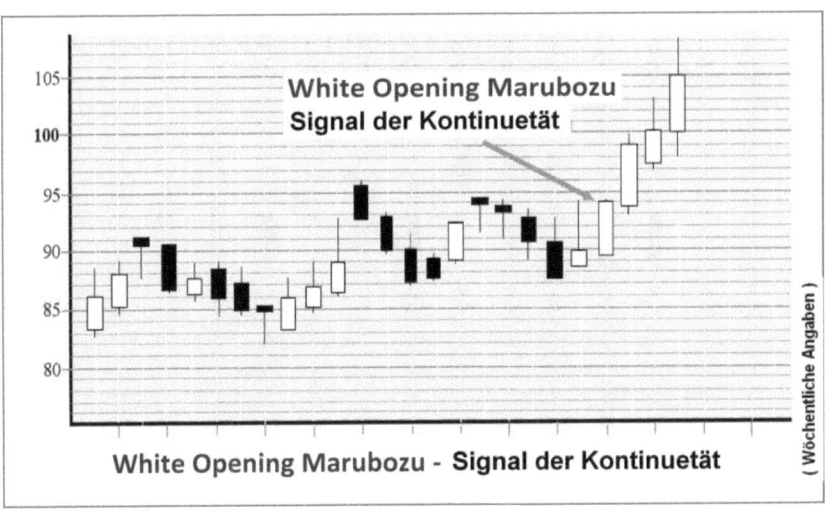

White Opening Marubozu - **Signal der Kontinuetät**

Keine impulsive Entscheidung ohne Konfirmation durch eine folgende weiße Kerze oder ein anderes Indiz.

HIGH WAVE BEARISH

BEARISH, abgeleitet von Bär = Pessimist oder Verkäufer;
BULLISH, abgeleitet von Bulle = Optimist oder Käufer.

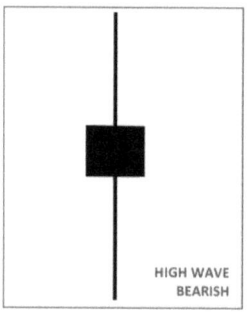

HIGH WAVE
BEARISH

Die Figur der HIGH WAVE BEARISH, (der pessimistischen hohen Welle), besteht aus einem kleinen schwarzen Kerzenkörper und einem sehr langen Docht, sowie einer sehr langen Lunte.

Börsenlogik: Die HIGH WAVE BEARISH drückt eine totale Unentschlossenheit der Börsianer aus. Es besteht nur wenig Differenz zwischen dem Eröffnungskurs und dem Schlußkurs. Während der Sitzung wurden jedoch ohne Erfolg große Anstrengungen der Kursveränderung sowohl nach oben, als auch nach unten unternommen.

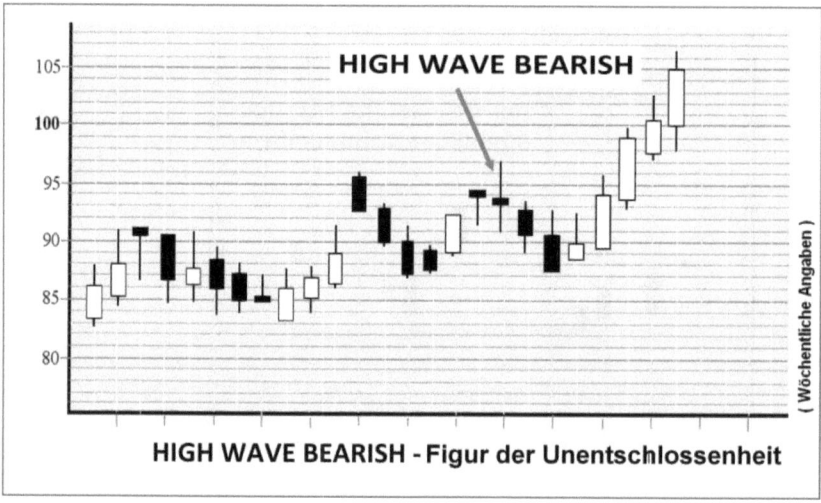

HIGH WAVE BEARISH - Figur der Unentschlossenheit

Ein kleiner Kerzenkörper und langer Docht mit langer Lunte zeugen von einer Börsensitzung ohne besondere Bedeutung. Nur die folgenden Sitzungen können Aufschluß über die künftige Tendenz geben.

HIGH WAVE BULLISH

BULLISH, abgeleitet von Bulle = Optimist oder Käufer.
BEARISH, abgeleitet von Bär = Pessimist oder Verkäufer.

Die Figur der HIGH WAVE BULLISH, (der optimistischen hohen Welle), besteht aus einem kleinen weißen Kerzenkörper und einem sehr langen Docht, sowie einer sehr langen Lunte

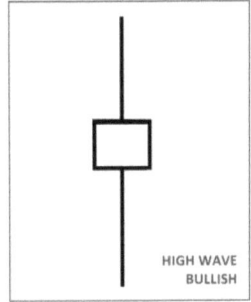

HIGH WAVE
BULLISH

Die Bedeutungen der HIGH WAVE BEARISH und der HIGH WAVE BULLISH sind identisch.

Börsenlogik: Die HIGH WAVE BULLISH drückt eine totale Unentschlossenheit der Börsianer aus. Es besteht nur wenig Differenz zwischen dem Eröffnungskurs und dem Schlußkurs. Während der Sitzung wurden jedoch ohne Erfolg große Anstrengungen der Kursveränderung sowohl nach oben, als auch nach unten unternommen.

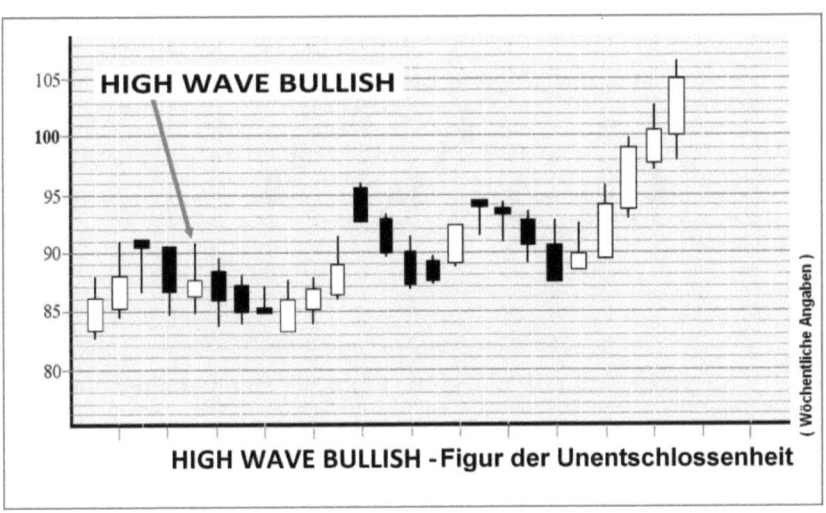

HIGH WAVE BULLISH - Figur der Unentschlossenheit

Nur weitere Indizes können Aufschluss über die künftige Tendenz bringen.

BLACK SPINNING TOP

oder SPINNING TOP BEARISH

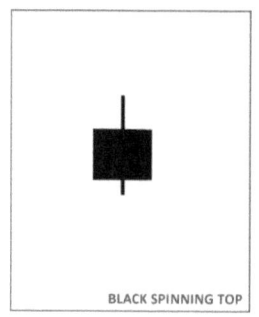

BLACK SPINNING TOP

Die Figur des BLACK SPINNING TOP, (deutsch: Schwarzer Kreisel), besteht aus einem kleinen Kerzenkörper mit Docht und Lunte. Die Länge des Dochtes oder der Lunte spielen keine Rolle solange sie nicht zur Figur der HIGH WAVE werden.

Börsenlogik: Wenig Marktbeteiligung und mäßige Begeisterung sowohl der Käufer, als auch der Verkäufer. Es herrscht Unentschlossenheit über die künftige Kurstendenz. Es besteht eine fragile Ausgeglichenheit des Marktes.

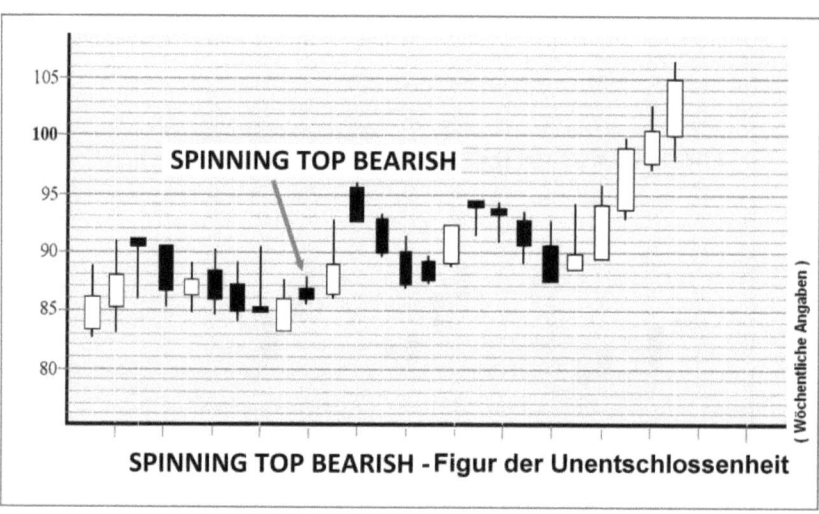

SPINNING TOP BEARISH - Figur der Unentschlossenheit

Der SPINNING TOP BEARISH ist eine Figur, die zur Vorsicht mahnt: Keine Entscheidung ohne zuzügliche Indizes.

WHITE SPINNING TOP

oder SPINNING TOP BULLISH

Die Bedeutungen des WHITE SPINNING TOP und des BLACK SPINNING TOP sind identisch.

Die Figur des WHITE SPINNING TOP, (deutsch: Weißer Kreisel), besteht aus einem kleinen Kerzenkörper mit Docht und Lunte. Die Länge des Dochtes oder der Lunte spielen keine Rolle solange sie nicht zur Figur der HIGH WAVE werden

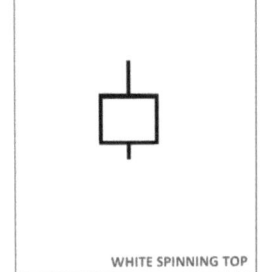

WHITE SPINNING TOP

Börsenlogik: Wenig Marktbeteiligung und mäßige Begeisterung sowohl der Käufer, als auch der Verkäufer. Es herrscht Unentschlossenheit über die künftige Kurstendenz. Es besteht eine fragile Ausgeglichenheit des Marktes.

SPINNING TOP BULLISH - Zeichen der Unentschlossenheit

Der SPINNING TOP BULLISH ist eine Figur, die zur Vorsicht mahnt: Keine Entscheidung ohne zuzügliche Indizes.

WHITE HAMMER

Die Figuren des WHITE HAMMER und des HANGING MAN sind identisch. Sie sind aber auch wahrscheinlich die bekanntesten Figuren des Kerzencharts.

Am Ende eines Abwärtstrends heißt diese Figur WHITE HAMMER, am Ende eines Aufwärtstrends, HANGING MAN.

Beide Figuren können sowohl weiß, als auch schwarz sein.

Der Hammer besteht aus einem kleinen Körper mit einer sehr langen Lunte. Die unterhalb des Körpers befindliche Lunte muß mindestens zweimal Größer als der Kerzenkörper sein.

Der Hammer kann ein sehr starkes Signal eines Tendenzwechsels sein. Besonders, wenn die folgende Kerze ebenfalls einen weißen Körper aufweist.

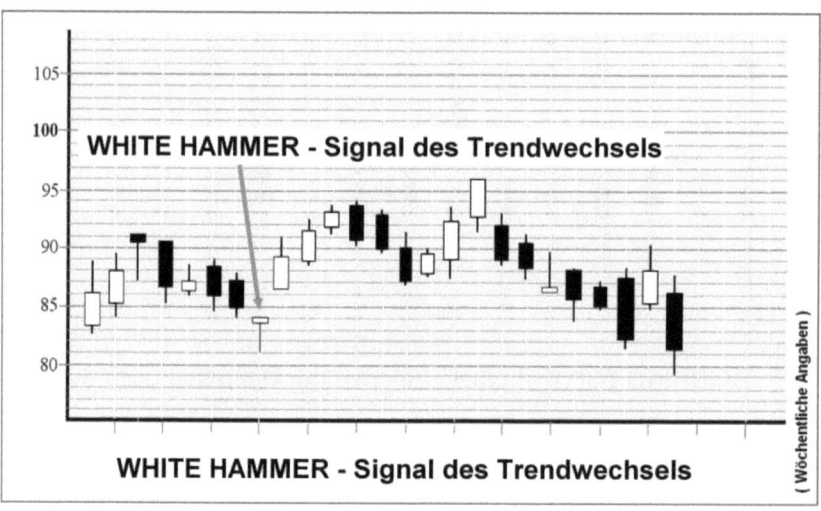

WHITE HAMMER - Signal des Trendwechsels

44

BLACK HANGING MAN

Die Figuren des HANGING MAN und des HAMMER sind identisch. Sie sind aber auch wahrscheinlich die bekanntesten Figuren des Kerzencharts überhaupt.

Am Ende eines Aufwärtstrends heißt die Figur HANGING MAN, am Ende eines Abwärtstrends HAMMER.

Beide Figuren können sowohl weiß, als auch schwarz sein.

Der HANGING MAN besteht aus einem kleinen Körper mit einer sehr langen Lunte. Die unterhalb des Körpers befindliche Lunte muß mindestens zweimal Größer als der Kerzenkörper sein.

Börsenlogik: Nach einer langen Serie im Aufwärtstrend beginnen die Käufer an der Höhe des Kurses zu zweifeln. Sofort nach der Eröffnung des Handels stürzt der Kurs rasant in die Tiefe. Erschrocken über diesen Wertverfall gehen die Käufer noch einmal in Aktion und treiben somit den Kurs fast in die Höhe des Eröffnungskurses. Trotzdem bleiben die Zweifel bestehen und leiten aller Wahrscheinlichkeit eine Trendwende ein.

Der HANGING MAN ist ein sehr starkes Signal der Trendwende. Trotzdem sollte die folgende Sitzung mit einer großen schwarzen Kerze eine Bestätigung bringen.

INVERTED HAMMER

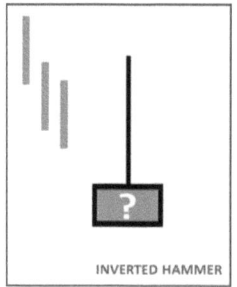

INVERTED HAMMER

Entsprechend des Titels INVERTED HAMMER handelt es sich bei dieser Figur um einen auf den Kopf gestellten Hammer.

Wie der HAMMER besteht diese Figur aus einem kleinen Kerzenkörper, jedoch diesmal mit einem übergroßen Docht oberhalb des Körpers.

Dieser Docht sollte mindestens zweimal Größer sein als der Kerzenkörper.

Die Farbe, schwarz oder weiß, spielt bei dem INVERTED HAMMER eine untergeordnete Rolle.

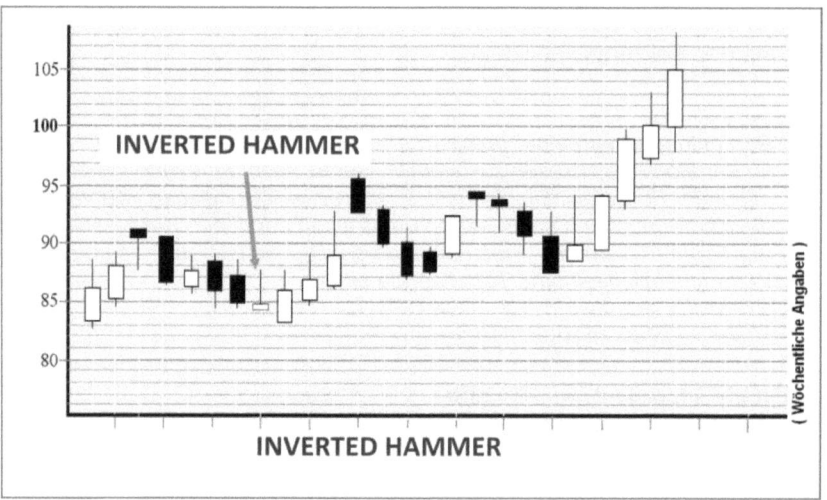

Der INVERTED HAMMER kann eine Tendenzwende ankündigen. Dieses Signal ist jedoch ein sehr schwaches Zeichen und somit ist die Verläßlichkeit dieser Voraussage fragwürdig.

SHOOTING STAR

Die Figuren des SHOOTING STAR und des INVERTED HAMMER sind die gleichen, nur die Tendenzen, in denen sie erscheinen, sind different. Der SHOOTING STAR bildet sich am Ende einer Aufwärtstendenz und kann unter bestimmten Voraussetzungen, eine Umkehr der Tendenz ankündigen.

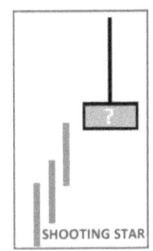

Der SHOOTING STAR besteht aus einem kleinen Kerzenkörper und einem übergroßen Docht oberhalb seines Körpers.

Die Bedeutung dieser Figur oder die Möglichkeit einer Trendvoraussage hängt weitgehend von der Position des SHOOTING STAR INNERHALB DES VORANGEGANGENEN Trends und dessen Darstellung ab.

1) Am Ende einer längeren Serie von Sitzungen im ständigen Aufwärtstrend, der Docht des SHOOTING STAR stößt an eine Widerstandslinie: Dies ist ein STARKES Signal der Trendwende!

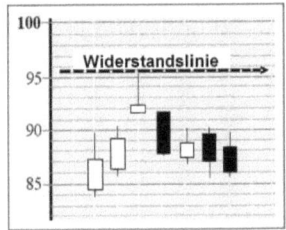

2) Ohne Kontakt des Dochtes gegen eine vorhandene Widerstandslinie: Eine Trendwende ist möglich, jedoch keinesfalls als sicher anzusehen.

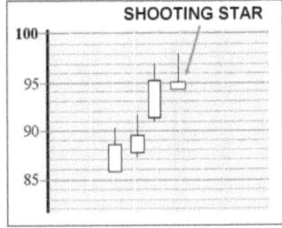

3) Nicht alle der vorausgehenden Sitzungen besaßen weiße Kerzen, der SHOOTING STAR ist als unbedeutend anzusehen.

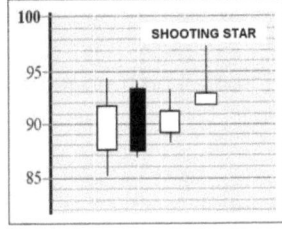

Les DOJI

Sind Eröffnungs- und Schlußkurs einer Sitzung gleich, so nennt man die Figur DOJI. Diese wird in der Grafik nur mittels eines horizontalen Striches widergegeben.

Alle DOJI geben generell die Unsicherheit der Käufer und Verkäufer wider.

Börsenlogik: Um möglicherweise Position zu beziehen, sind Käufer wie Verkäufer in einer Wartestellung. Man erhofft sich neue Informationen über das du handelnde Papier oder über die allgemeine Börsenstimmung.

Diese Wartestellung kann sich noch in den nächsten Sitzungen fortsetzen und somit in der Grafik neue DOJI produzieren. Mehrere hintereinander folgende DOJI lassen sehr oft auf eine kommende radikale Tendenzwende schließen. Solche brutalen Tendenzumschwünge zeichnen sich oft in der Grafik mit der Bildung von sogenannten GAP, Kurssprünge ohne Zusammenhang, aus. *(...siehe Kapitel 6)*

LONG-LEGGED DOJI

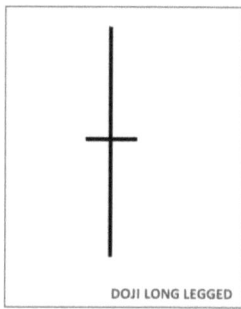

DOJI LONG LEGGED

Der DOJI LONG-LEGGED besteht aus einem extrem kleinen Kerzenkörper, (Eröffnungs-und Schlusskurs sind identisch), und einem sehr langen Docht sowie einer sehr langen Lunte unterhalb des Körpers..

Börsenlogik: Diese Figur drückt die extreme Unsicherheit der Börsianer aus. Nach größten Kursschwankungen sowie nach oben als auch nach unten, ist der Schlußkurs wieder auf die Höhe des Eröffnungskurses zurückgekehrt.

Erst die kommenden Sitzungen können Aufklärung schaffen.

DOJI DRAGONFLY

Sofort nach der Eröffnung der Sitzung ist der Kurs abgestürzt. Dieser Kurseinbruch hat sich jedoch im Laufe der Sitzung annulliert und somit Schloß die Sitzung mit dem gleichen Kurs, mit dem sie eröffnet wurde.

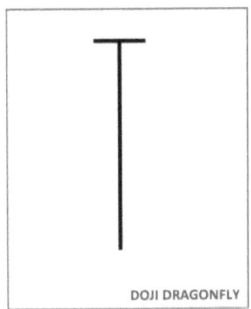

Börsenlogik: Käufer sowie Verkäufer wissen nicht, was sie wollen. Erst die folgenden Sitzungen können über den künftigen Trend Aufschluß geben.

DOJI GRAVESTONE

Der DOJI GRAVESTONE ist das Gegenstück vom DOJI DRAGONFLY.

Sofort nach Eröffnung des Handels stieg der Kurs gewaltig. Dieser extreme Kursanstieg brach jedoch wieder zusammen, so daß die Sitzung auf dem Niveau der Eröffnung Schloß.

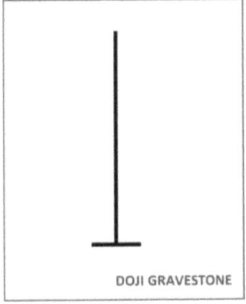

Sollten weitere DOJI in den folgenden Sitzungen auftreten, so könnten diese einen brutalen Trendwechsel ankündigen. *(...siehe Kapitel 6).*

GAP

Das GAP ist keine eigenständige Figur. Der Börsianer nennt GAP das entstandene Fenster oder den Kurssprung, wenn sich der Eröffnungskurs einer Sitzung nicht innerhalb Kerzenkörpers der vorhergegangenen Sitzung befindet.

Bei einem Aufwärtstrend liegt also der Eröffnungskurs der neuen Sitzung höher als der Schlusskurs der vorhergegangenen weißen Kerze. Umgekehrt, bei einem Abwärtstrend liegt der Eröffnungskurs der neuen Sitzung tiefer als der Schlusskurs der vorhergegangenen schwarzen Kerze.

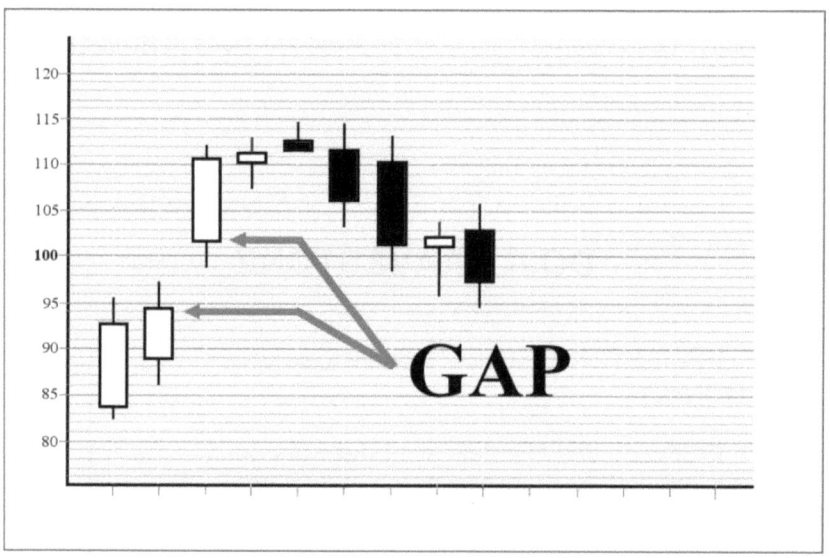

Diese Abbildung zeigt ein zwischen zwei weißen Kerzen entstandenes GAP: der Schlußkurs der vorhergegangenen weißen Kerze ist 94, der Eröffnungskurs der bezogenen weißen Kerze ist 102. Das GAP drückt also den Kurssprung zwischen 94 und 102 aus.

Ein GAP an sich soll zwar Beachtung finden, läßt aber ohne zuzügliche Indizes keine direkte Schlußfolgerung zu.

Je nach Position und Börsentendenz, und den darauffolgenden Kerzenkombinationen, definiert man das GAP folgendermaßen:

1. ALLGEMEINES GAP, auch GAP ORDINÄR genannt, er ist ohne besondere Bedeutung und läßt keine Entschlüsse zu. Er entsteht aufgrund kleinerer, unbedeutender Anlässe. Dieses GAP wird von den folgenden Kerzen geschlossen. Das heißt, der Kurssprung wird in der folgenden Sitzung annulliert.

2. Das GAP DER KONTINUITÄT oder RUNAWAY GAP drückt eine Bestätigung der derzeitigen Kurstendenz aus. Es ist mit einem starken Titelumsatz verbunden und nur als solches anzuerkennen, wenn das entstandene Fenster auffallend groß ist.

3. Das GAP DES BRUCHS, GAP DER RUPTUR, oder BREAKAWAY GAP läutet einen Tendenzwechsel ein. Es ist oft von einer anderen signifikanten Kerzenkombination begleitet. Das entstandene Fenster wird nur in Ausnahmefällen von einer folgenden Kerze ausgefüllt. Dieses GAP bestimmt einen Punkt der bei einer Abwärtstendenz zur Entstehung einer neuen Unterstützungslinie führt, oder bei einer Aufwärtstendenz, zur Entstehung einer neu zu definierenden Widerstandslinie führt.

4. Das TERMINAL GAP, oder EXHAUSTION GAP, beendet eine bestehende Tendenz. Dieses GAP ist aber nur nach einigen folgenden Sitzungen sicher zu definieren.

ZWEITES KAPITEL - 2

TREND / TENDENZ : aufwärts
LETZTE KERZE : schwarz

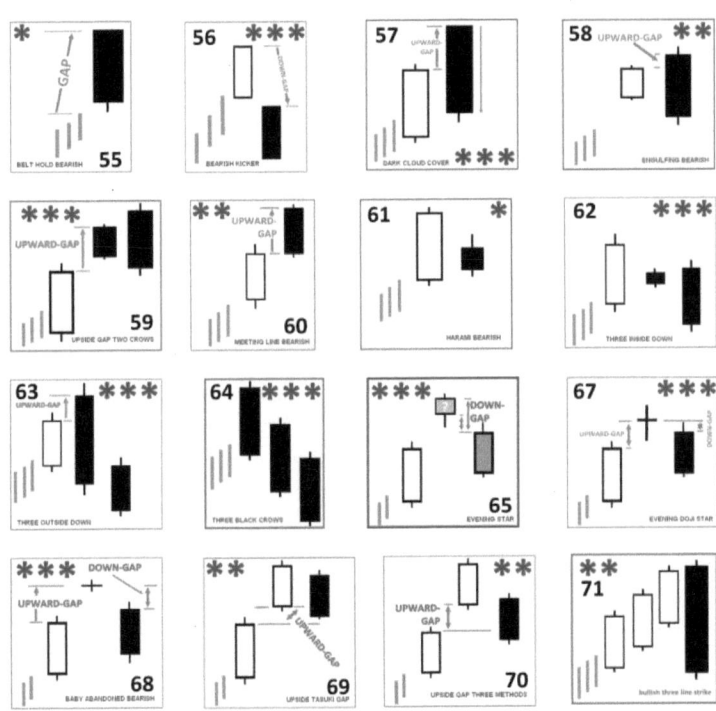

BELT HOLD BEARISH

Das BELT HOLD BEARISH kann ein Signal zu einem Tendenzwechsel sein.

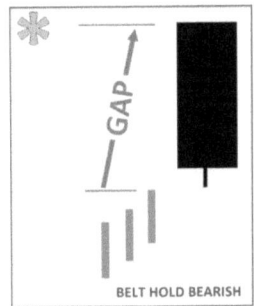

Nach mehreren Sitzungen in einem stetigen Aufwärtstrend eröffnet eine neue Sitzung mit einem bedeutenden GAP.

Aber an Stelle den Aufwärtstrend fortzusetzen, stürzt der Kurs während der Sitzung nach unten ab. Der Schlußkurs stabilisiert sich sehr nahe am Sitzungstiefstkurs, was die kurze Lunte unterhalb des Kerzenkörpers bezeugt.

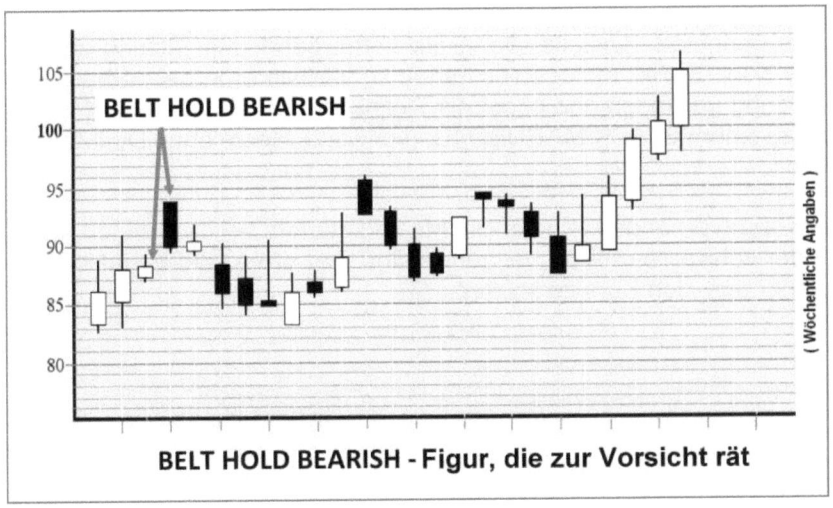

BELT HOLD BEARISH - Figur, die zur Vorsicht rät

Das BELT HOLD BEARISH kann eine Tendenzwende einläuten, ist aber als alleiniges Indiz nicht vertraulich genug, um Position einzunehmen. Mindestens zwei weitere Sitzungen sind erforderlich, um Klarheit über das BELT HOLD BEARISH zu erhalten.

BEARISH KICKER

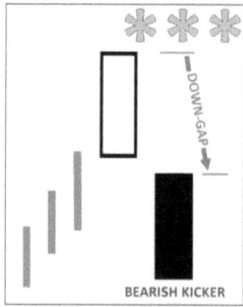

Die aus zwei Kerzen bestehende Kerzenkombination BEARISH KICKER ist ein sehr starkes Trendwendesignal.

Börsenlogik: Diese Kerzenkombination entsteht oft nach unerwarteten negativen Informationen über das notierte Papier.

Selbst wenn die generelle Tendenz unwichtig ist, so trifft man den BEARISH KICKER meistens am Ende lang andauernden Aufwärtstendenzen.

Komposition:

1) Die erste Sitzung präsentiert eine große weiße Kerze ohne Docht und ohne Lunte, einen WHITE MARUBOZU.

2) Die zweite Sitzung beginnt mit einem bedeutenden DOWN-GAP, (ein GAP abwärts gerichtet). Anstelle wie in der vorhergehenden Sitzung zu steigen, fällt der Kurs. Er fällt mindestens genau so viel wie er in der vorhergegangenen Sitzung gestiegen und endet als Tiefstkurs der Sitzung. Somit wird diese Kerze zu einem BLACK MARUBOZU, (schwarze Kerze ohne Docht und ohne Lunte).

Dieses Nichtvorhandensein der Dochte und Lunten, bei der weißen Kerze wie auch der schwarzen Kerze, ist sehr selten und drückt die geballte Kraft der Börsianer aus, den Kurs zu senken.

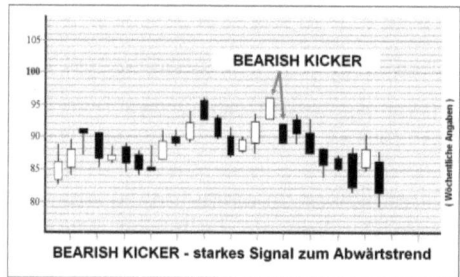

BEARISH KICKER - starkes Signal zum Abwärtstrend

Der BEARISH KICKER ist ein sehr starkes und ausreichend sicheres Signal, das einen Abwärtstrend einläutet.

DARK CLOUD COVER

In einem Aufwärtstrend kann eine besonders große weiße Kerze als Trendwendesignal betrachtet werden, wenn die folgende Sitzung mit einem UPWARD-GAP, (aufwärts gerichtetes Fenster), beginnt und deren Kursverlauf jedoch abwärts vonstatten geht.

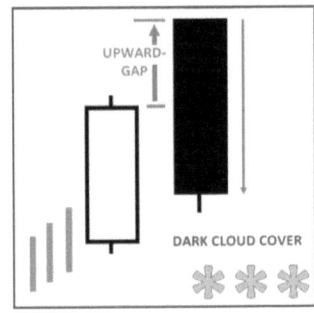

Komposition:

1) Das UPWARD-GAP ist ausreichend groß.

2) Die zweite, also die schwarze Kerze verliert einen großen Teil des Kursgewinnes der vorherigen Sitzung. Der Schlußkurs der schwarzen Kerze soll sich unterhalb der Hälfte der vorhergehenden weißen Kerze liegen.

Unter diesen Voraussetzungen wird der DARK CLOUD COVER zu einem sehr starken und ausreichend zuverlässigen Signal der Trendwende. Er zeigt eine Serie abwärts gerichteter Sitzungen an.

Schafft die schwarze Kerze es nicht, den Schlußkurs unterhalb der Hälfte der vorhergehenden weißen Kerze zu fixieren, so wird aus diesem "sicheren" Trendwendesignal ein **FALSCHES SIGNAL** mit der Folge, daß der Aufwärtstrend bestehenbleibt.

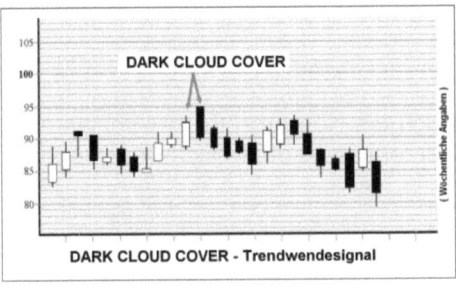

DARK CLOUD COVER - Trendwendesignal

ENGULFING BEARISH

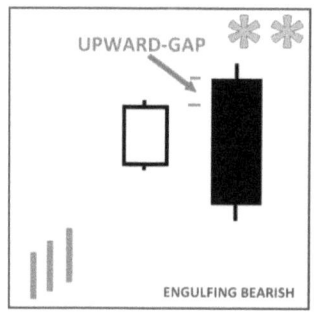

Die Kerzenkombination des ENGULFING BEARISH ist ein deutliches Trendwendesignal.

Komposition:

1) In einem Aufwärtstrend erscheint eine relativ kleine weiße Kerze.

2) Die darauffolgende Sitzung eröffnet mit eine UPWARD-GAP, (Fenster aufwärts), und notiert einen Kursabsturz, der weit über die Körperform der vorangegangenen weißen Kerze hinuntergeht.

Die ENGULFING-Kerzenkombinationen sind zuverlässige Signale einer bevorstehenden Tendenzwende. Sie kommen relativ häufig in den Kerzencharts vor.

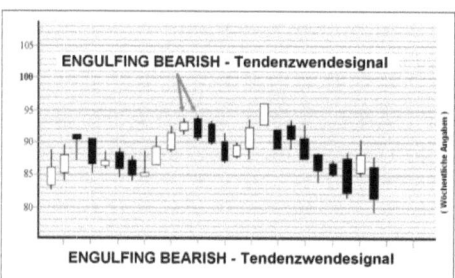

Schafft die schwarze Kerze es, den Körper sowie den Docht als auch die Lunte der vorhergegangenen Kerze zu überdecken, so verstärkt sich dieses Tendenzwendesignal noch um einiges.

Auch die Körpergröße der schwarzen Kerze spielt eine Rolle: Je Größer der Kerzenkörper desto sicherer das Signal zur Tendenzwende.

Vorsicht: Erscheint diese ENGULFING BEARISH am Ende eines Abwärtstrends, so kann es nur dann als Trendwendesignal angesehen werden, wenn es eine Unterstützungslinie deutlich durchbricht!

UPSIDE GAP TWO CROWS

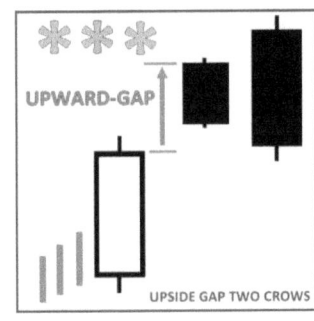

Auch der UPSIDE GAP TWO CROWS ist ein Tendenzwendesignal.

Komposition:

1) Eine große weiße Kerze in einem ständigen Aufwärtstrend.

2) Eine kleine schwarze Kerze erscheint mit einem entsprechenden UP-WARD-GAP, (oberhalb der weißen Kerze eröffnetes Fenster).

3) Die dritte Sitzung zeigt eine weitere schwarze Kerze, deren Eröffnungskurs über dem der vorhergegangenen Sitzung und der Schlußkurs unterhalb der vorhergegangenen Sitzung liegt und somit die vorhergegangene schwarze Kerze vollkommen einschließt.

4) Der Schlußkurs der letzten, also zweiten schwarzen Kerze liegt aber dennoch oberhalb des Schlußkurses der ersten, also weißen Kerze.

Die UPSIDE GAP TWO CROWS Kerzenkonfiguration ist ein starkes Signal einer bevorstehenden Tendenzwende.

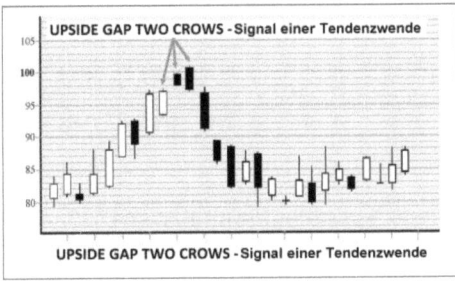

UPSIDE GAP TWO CROWS - Signal einer Tendenzwende

MEETING LINE BEARISH

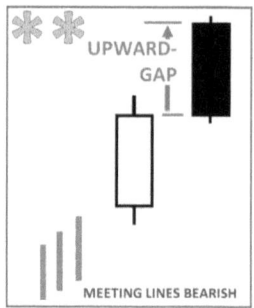

Diese Kerzenkombination entsteht in lang andauernden Aufwärtstrends.

Komposition:
1) Die erste Börsensitzung ist durch eine lange weiße Kerze gekennzeichnet.

2) Die zweite Sitzung beginnt mit einem sehr großen UPWARD-GAP.

Wichtig: Dieses Aufwärtsfenster muß mindestens um 60% Größer als der weiße Kerzenkörper sein.

3) Der Schlußkurs der schwarzen Kerze entspricht genau oder in etwa dem Schlußkurs der weißen Kerze.

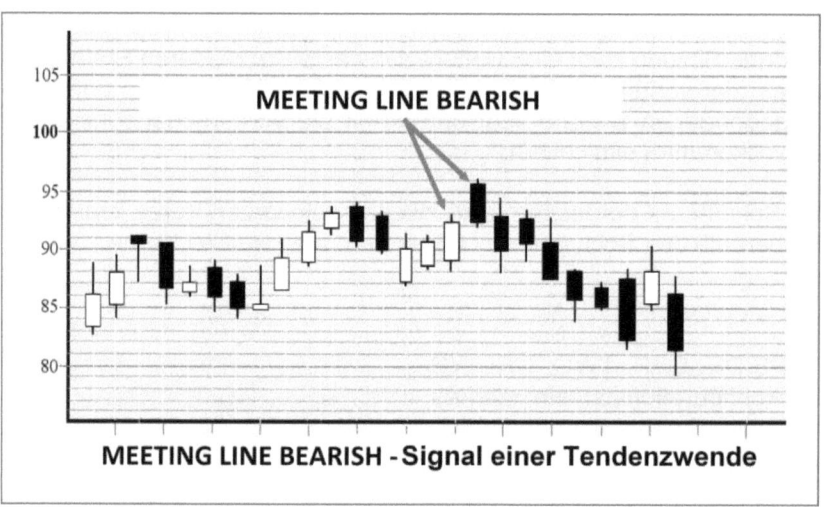

MEETING LINE BEARISH - Signal einer Tendenzwende

Diese Kerzenkonfiguration ist ein Umkehrsignal der Aufwärtstendenz zu einer Abwärtstendenz. Trotzdem sollte der Börsianer die Konfirmation in durch die nächste Sitzung abwarten, bevor er Position bezieht.

HARAMI BEARISH

Der BEARISH HARAMI entsteht meistens am Ende eines Aufwärtstrends.

Börsenlogik: Die Käufer bekommen Zweifel am hohen Kurs. Sollte diese Kerzenkombination auch noch von einer weiteren schwarzen Kerze gefolgt sein, werden die Käufer zu Verkäufern und sich ihrer Einkäufe mit leichten Verlusten wieder entledigen.

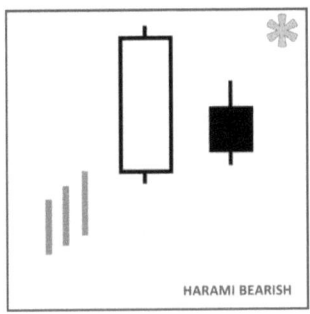

HARAMI BEARISH

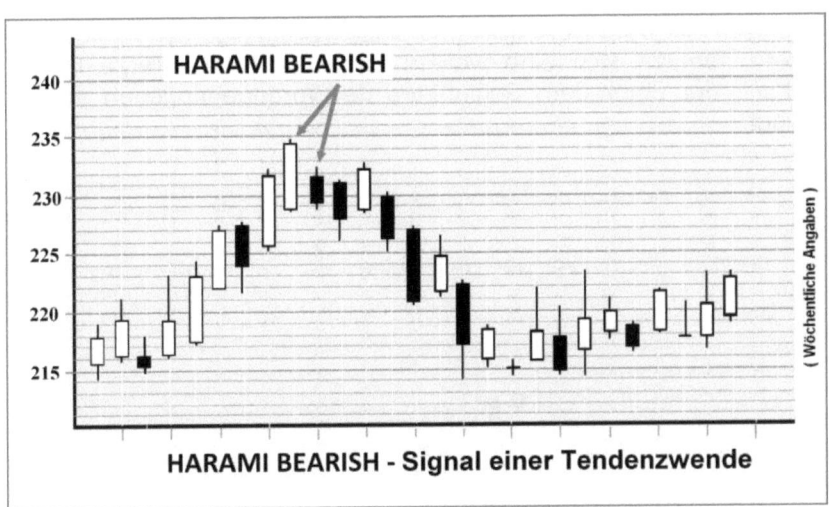

HARAMI BEARISH - Signal einer Tendenzwende

Das Signal zur Tendenzwende ist um so stärker, sobald

1. der schwarze Kerzenkörper einschließlich Docht und Lunte klein sind;
2. der kleine schwarze Kerzenkörper sich in der unteren Zone der weißen Kerze befindet;
3. die weiße Kerze total die schwarze Kerze umschließt, einschließlich des eventuellen Dochtes und der eventuellen Lunte.

THREE INSIDE DOWN

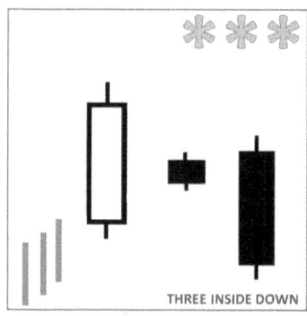

THREE INSIDE DOWN

Wie der Name besagt, besteht der THREE IN-SIDE DOWN aus drei Kerzen die das Ende einer Aufwärtstendenz ankündigen.

Komposition:

1) Die erste Kerze dieser Konfiguration ist eine große weiße Kerze.

2) Die zweite Sitzung endet mit einer kleinen schwarzen Kerze, die sich vollkommen in den Körper der vorangegangenen weißen Kerze einpaßt. Diese beiden Kerzen bilden ein HARAMI BEARISH.

3) Um diesen HARAMI BEARISH und seine Voranzeige zur Trendwende zu verstärken, formiert sich eine weitere große schwarze Kerze mit einem Schlußkurs, der unter dem Schlußkurs der vorangegangenen schwarzen Kerze liegt.

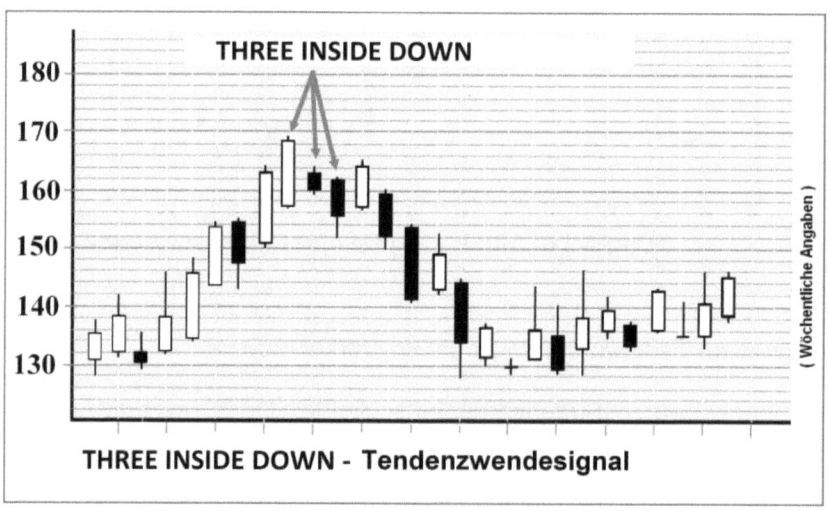

THREE INSIDE DOWN - Tendenzwendesignal

Die Konfiguration des THREE SIDE DOWN ist ein starkes Signal einer bevorstehenden Tendenzwende.

THREE OUTSIDE DOWN

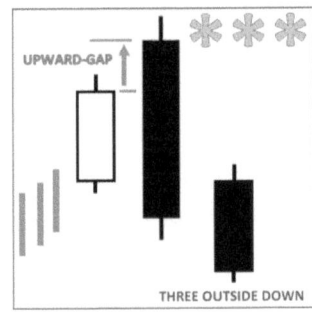

Der THREE OUTSIDE DOWN besteht aus drei Kerzen, die das Ende einer Aufwärtstendenz ankündigen.

Diese Kerzenkonfiguration ist eine Bestätigung des ENGULFING BEARISH und wird gelegentlich auch CONFIRMED BEARISH ENGULFING PATTERN genannt.

Komposition:

1) Die erste Kerze dieser Konfiguration ist eine große weiße Kerze.

2) Die zweite Sitzung produziert eine große schwarze Kerze, die die vorangegangene weiße Kerze voll und ganz einschliesslich Docht und Lunte überdeckt. Diese zwei Kerzen bilden den ENGULFING BEARISH.

3) Die dritte Sitzung erzeugt eine weitere schwarze Kerze, die mit einem Eröffnungskurs beginnt, der bereits Eröffnungskurs der weißen Kerze war.

Der THREE OUTSIDE DOWN ist ein sehr starkes Signal und kündigt das Ende des Aufwärtstrends an.

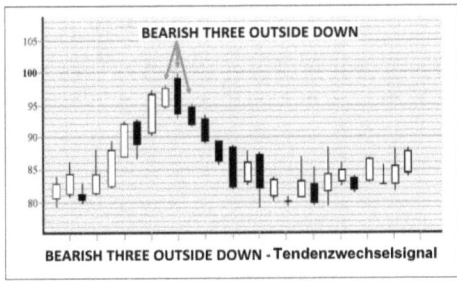

THREE BLACK CROWS

Die THREE BLACK CROWS sind ein starkes Kerzen-signal des Trendwechsels.

Börsenlogik: Die Börsianer stellen fest, daß die letzten Kurse bedeutend über dem realen Wert lagen. Sie veranlassen eine größere Korrektur des Kurses.

Komposition:

1) Der Markt befindet sich im Aufwärtstrend.
2) Es bilden sich drei große aufeinanderfolgende schwarze Kerzen.
3) Jede neue schwarze Kerze eröffnet innerhalb des vorangegangenen schwarzen Kerzenkörpers.
4) Je Sitzung endet mit einem Schlußkurs, der stets niedriger liegt als der der vorangegangenen Sitzung.

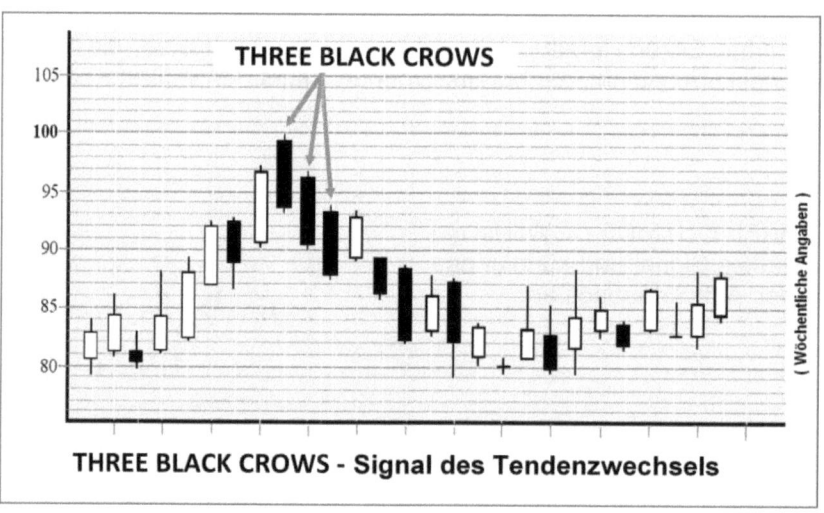

THREE BLACK CROWS - Signal des Tendenzwechsels

Die THREE BLACK CROWS, (die drei schwarzen Krähen), sind ein sehr starkes Tendenzwechselsignal.

EVENING STAR

Die Konstellation des EVENING STAR, auch ABENDSTERN genannt, beendet zumeist den vorhergehenden Aufwärtstrend.

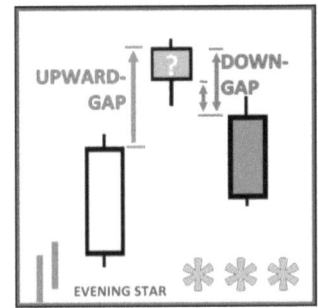

Börsenlogik: Das Kursniveau ist auf einem Niveau angekommen, bei dem den Käufern Zweifel aufkommen. Nach einer gewissen Unsicherheit, ausgedrückt durch den überhöht platzierten STAR, versuchen die Börsianer einen realen Kurs in einer Abwärtsbewegung zu finden.

Komposition:

1. Die erste Sitzung dieser Kerzenkombination endet noch mit einer großen weißen Kerze.

2. Die folgende zweite Sitzung beginnt mit einem bedeutenden UPWARD-GAP, (Fenster aufwärts). Der Kerzenkörper ist klein und besitzt nur einen kleinen Docht, sowie eine kleine Lunte. Die Kerze kann sowohl schwarz als auch weiß sein.

3. Die dritte Sitzung beginnt mit eine DOWN-GAP, (Fenster abwärts). Während der Sitzung sink der Kurs weit in den weißen Körper der ersten Sitzung hinein.

Drei Eigenschaften bestimmen die Stärke dieses Signals:

1. Je kleiner der Kerzenkörper einschließlich Docht und Lunte in der zweiten Sitzung sind, (der STAR), desto stärker ist das Signal;

2. je Größer das DOWN-GAP in der dritten Sitzung ist, desto stärker ist das Signal;

3. je mehr der schwarze Kerzenkörper der dritten Sitzung in den weißen Körper der ersten Sitzung eindringt, desto stärker ist das Signal.

VORSICHT: Das Signal verliert seine Stärke, wenn die schwarze Kerze der dritten Sitzung NICHT mit einem DOWN-GAP beginnt.

Die Grafik zeigt den auf der vorangegangenen Seite beschriebenen EVE-NING STAR, (auch ABENDSTERN genannt).

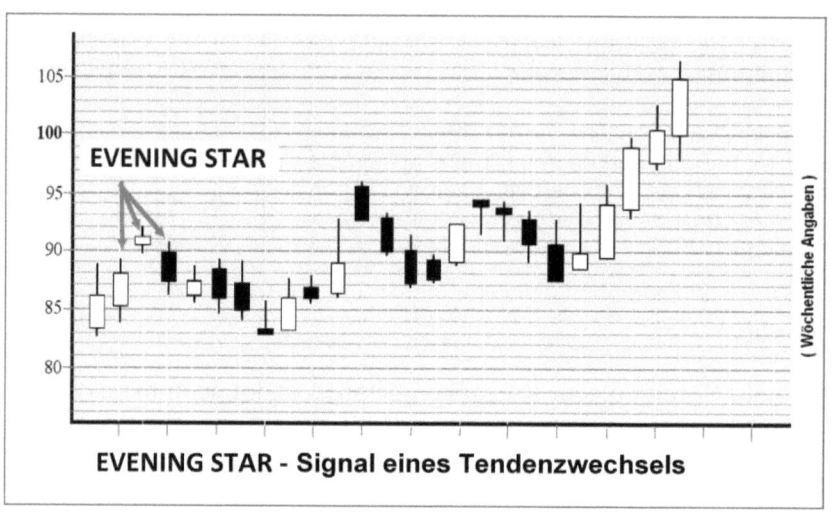

EVENING STAR - Signal eines Tendenzwechsels

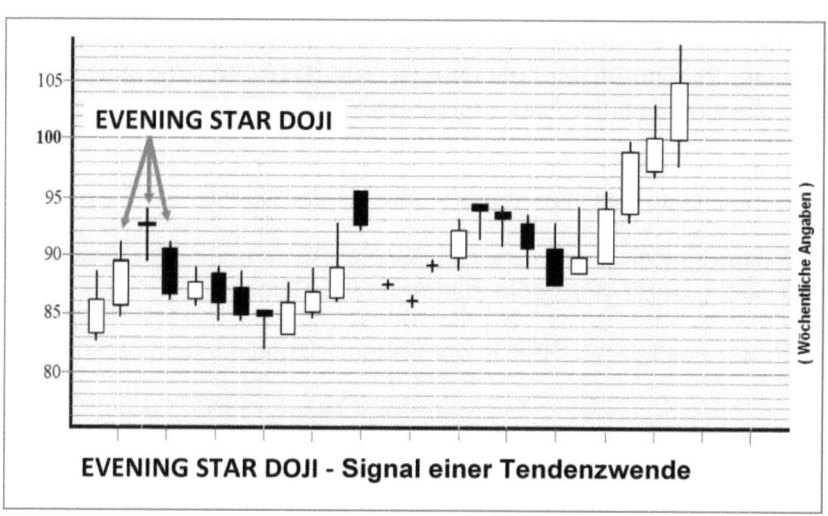

EVENING STAR DOJI - Signal einer Tendenzwende

Die Grafik zeigt den auf der folgenden Seite beschriebenen EVENING STAR DOJI.

EVENING STAR DOJI

Die Kerzenkombination des EVENING STAR DOJI ist noch ausdruckskräftiger als der ordinäre EVENING STAR und kündigt in den meisten Fällen eine Tendenzwende nach unten an.

Börsenlogik: Das Kursniveau ist auf einem Niveau angekommen, bei dem den Käufern Zweifel aufkommen. Nach einer gewissen Unsicherheit, ausgedrückt durch den überhöht platzierten STAR, versuchen die Börsianer einen realen Kurs in einer Abwärtsbewegung zu finden.

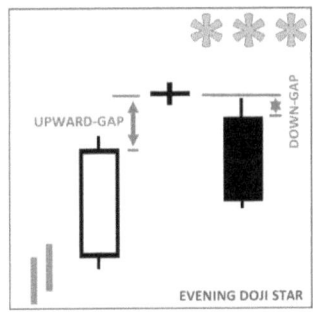

Komposition:

1. Die erste Sitzung dieser Kerzenkombination endet noch mit einer großen weißen Kerze.

2. Die folgende zweite Sitzung beginnt mit einem bedeutenden UPWARD-GAP, (Fenster aufwärts). Der Kerzenkörper ist ein DOJI mit nur wenig Docht oder Lunte.

3. Die dritte Sitzung beginnt mit eine DOWN-GAP, (Fenster abwärts). Während der Sitzung sink der Kurs weit in den weißen Körper der ersten Sitzung hinein.

Zwei Eigenschaften bestimmen die Stärke dieses Signals:

1. je Größer der schwarze Kerzenkörper der dritten Sitzung ist, desto stärker ist das Signal;

2. je mehr der schwarze Kerzenkörper der dritten Sitzung in den weißen Körper der ersten Sitzung eindringt, desto stärker ist das Signal.

VORSICHT: Das Signal verliert seine Stärke, wenn die schwarze Kerze der dritten Sitzung NICHT mit einem DOWN-GAP beginnt.

ABANDONED BABY BEARISH

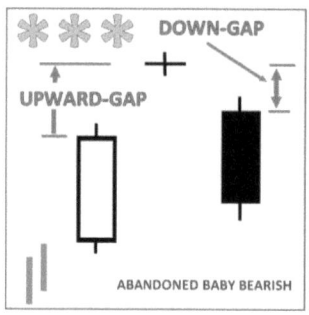

Das BEARISH ABANDONED BABY ähnelt dem EVENING STAR DOJI, nur die Position des DOJI und dessen Lunte ist different.

Es signalisiert jedoch ebenfalls ein Ende des Aufwärtstrends.

Komposition:

1. Die erste Sitzung dieser Kerzenkombination endet noch mit einer großen weißen Kerze.

2. Die folgende zweite Sitzung beginnt mit einem bedeutenden UPWARD-GAP, (Fenster aufwärts). Der Kerzenkörper ist ein DOJI mit nur wenig Docht oder Lunte.

Kennzeichnend für diese Kerzenkombination ist, daß sich weder der Docht der weißen Kerze, noch der Docht der letzten schwarzen Kerze, die unterhalb des DOJI befindliche Lunte berühren. Daher der Name des "verwaisten Baby".

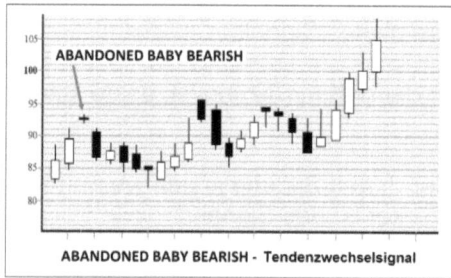

ABANDONED BABY BEARISH - Tendenzwechselsignal

3. Die dritte Sitzung beginnt mit eine DOWN-GAP, (Fenster abwärts). Während der Sitzung sinkt der Kurs weit in den weißen Körper der ersten Sitzung hinein.

UPSIDE TASUKI GAP

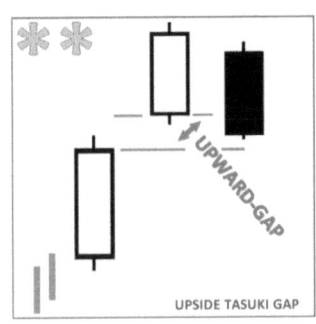

UPSIDE TASUKI GAP

Trotz einer schwarzen Kerze gilt diese Kerzenkombination als Zeichen der Kontinuität, der Aufwärtstrend geht unbehindert weiter.

Komposition:

1) Das UPSIDE TASUKI GAP beginnt mit einer überaus großen weißen Kerze.

2) Die zweite Sitzung beginnt mit einem UPWARD-GAP, (Fenster aufwärts), und setzt den Aufwärtstrend fort.

3) Die dritte Sitzung präsentiert sich wie ein Pseudo-Umkehr mit einer schwarzen Kerze. Der Eröffnungskurs liegt etwas unterhalb des Schlußkurses der vorgegangenen Sitzung, (zweite weiße Kerze).

Wichtig: Weder der schwarze Körper, noch die darunter befindliche Lunte dürfen das von den beiden weißen Kerzen geöffnete UPWARD-GAP, (Fenster aufwärts), schließen.

Das UPSIDE TASUKI GAP benötigt unbedingt eine Bestätigung der Fortsetzung des Aufwärtstrends in der folgenden Sitzung. Der Eröffnungskurs der folgenden Sitzung muß über dem Schlußkurs der schwarzen Kerze erfolgen ohne dabei das DOWN-GAP zwischen der zweiten weißen Kerze und der dritten schwarzen Kerze zu schließen.

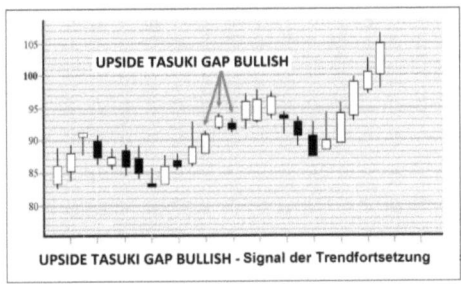

UPSIDE TASUKI GAP BULLISH

UPSIDE TASUKI GAP BULLISH - Signal der Trendfortsetzung

UPSIDE GAP THREE METHODS

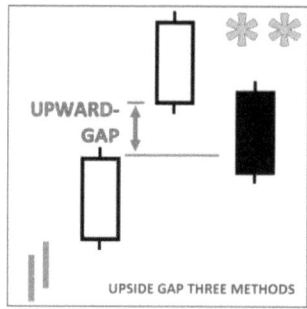

Trotz der Präsenz einer schwarzen Kerze gilt diese Kerzenkombination als Zeichen der Kontinuität, der Aufwärtstrend geht unbehindert weiter.

Komposition:

1) Das UPSIDE GAP THREE METHODS beginnt mit einer überaus großen weißen Kerze.

2) Die zweite Sitzung beginnt mit einem UPWARD-GAP, (Fenster aufwärts), und setzt den Aufwärtstrend fort.

3) Die dritte Sitzung zeigt eine Konsolidierung des Marktes. Die schwarze Kerze beginnt innerhalb des Körpers der vorherigen weißen Kerze. Man kann dies als eine Pseudo-Umkehrung ansehen. Der schwarze Kerzenkörper schließt das zwischen den beiden weißen Kerzen vorhandene GAP. Er darf jedoch nicht zu stark in den Körper der ersten weißen Kerze eintreten.

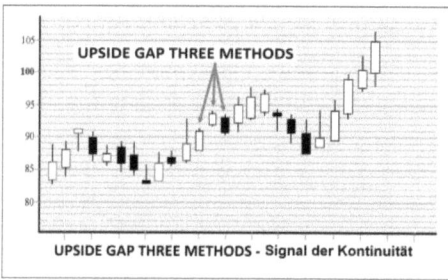

UPSIDE GAP THREE METHODS - Signal der Kontinuität

Das UPSIDE GAP THREE METHODS benötigt unbedingt eine Bestätigung der Fortsetzung des Aufwärtstrends in der folgenden Sitzung.

Zahlreiche Börsianer sehen diese Kerzenkombination als ein Signal der Tendenzwende.

THREE LINE STRIKE BULLISH

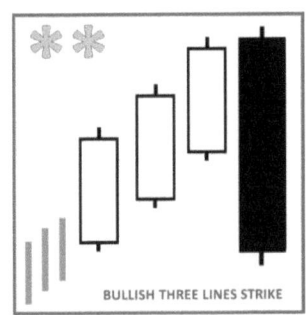

Die Kerzenkombination des THREE LINE STRIKE BULLISH wird trotz der Präsenz einer schwarzen Kerze als Zeichen des Fortbestandes der Aufwärtstendenz angesehen.

Komposition:

1) Das UPSIDE GAP THREE METHODS beginnt mit drei aufeinanderfolgenden großen weißen Kerzen.

2) Nach diesen drei weißen Kerzen und einem UPWARD-GAP platziert sich eine übermäßig große schwarze Kerze, die die vorhergehenden drei weißen Kerzenkörper völlig überdeckt. Der Schlußkurs dieser schwarzen Kerze liegt nicht höher als der Eröffnungskurs der ersten der drei weißen Kerzen.

Börsenlogik: Trotz massiver Gegenkraft kann der Kursanstieg nicht gestoppt werden. Die Nachfrage ist zu bedeutend.

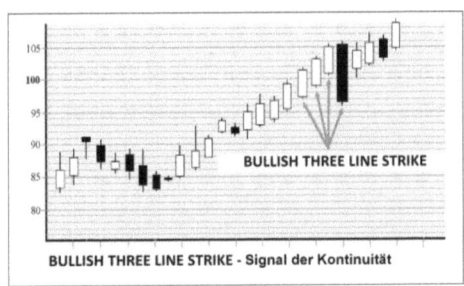

Die Kerzenkombination des THREE LINE STRIKE BULLISH wird als Signal der Kontinuität des Kurstrends angesehen.

Die Zuverlässigkeit dieses Signals wird jedoch nur als mittelmäßig angesehen. Konfirmation müssen die folgenden Sitzungen bringen.

DRITTES KAPITEL - 3

TREND / TENDENZ : aufwärts
LETZTE KERZE: weiß

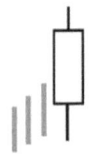

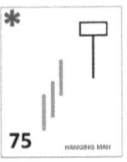

75 HANGING MAN

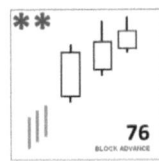

76 BLOCK ADVANCE

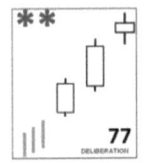

77 DELIBERATION

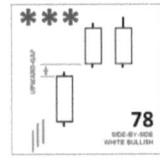

78 SIDE-BY-SIDE WHITE BULLISH

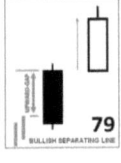

79 BULLISH SEPARATING LINE

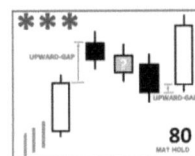

80 MAT HOLD

WHITE HANGING MAN

Weiß oder schwarz, der HANGING MAN erscheint in beiden Farben stets in einem Aufwärtstrend.

Ohne Docht, aber mit einer sehr langen Lunte und einem kleinen Kerzenkörper ist der HANGING MAN identisch mit der Figur des HAMMERS. Letzter erscheint jedoch nur in Abwärtstrends.

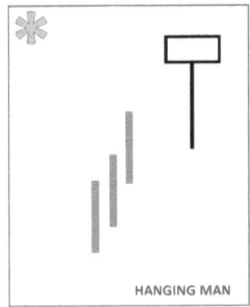

HANGING MAN

Wichtig: Die Lunte soll mindestens zweimal Größer sein als der Kerzenkörper.

Börsenlogik: Wahrscheinlich aufgrund eines Börsengerüchtes stürzt der Kurs kurz nach Sitzungseröffnung in die Tiefe. Das Gerücht hält einer näheren Untersuchung nicht stand und der Kurs kann sich im Laufe der Sitzung wieder verbessern, so daß der Schlußkurs sehr nahe am Eröffnungskurs liegt.

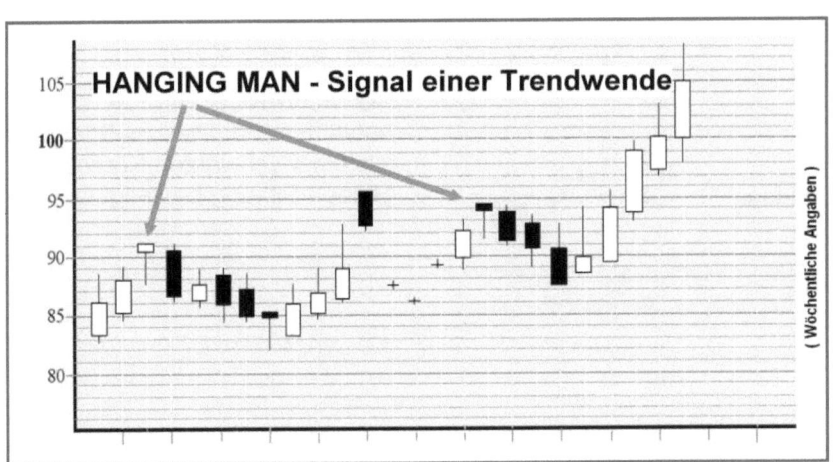

Der HANGING MAN kann ein sehr starkes Signal der Trendwende sein. Dieses muß jedoch in der folgenden Sitzung mittels einer schwarzen Kerze bestätigt werden.

ADVANCE BLOCK

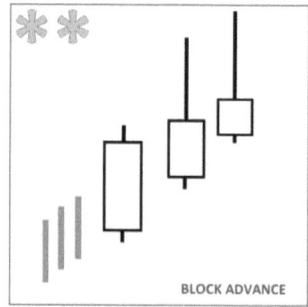

BLOCK ADVANCE

Der ADVANCE BLOCK besteht zwar aus drei wei-ßen Kerzen, er kündigt jedoch das Ende des Auf-wärtstrends an und ist daher ein Signal zur Trendwende!

Der ADVANCE BLOCK ähnelt der Konfiguration der THREE WHITE SOLDIERS, unterscheidet sich jedoch maßgebend durch Form und Stellun-gen der weißen Kerzen.

Konfiguration:

1) Die Eröffnungskurse aller drei weißen Kerzen befinden sich ausnahmslos innerhalb der vorhergehenden Kerze.

2) Die Größe der Kerzen verringert sich ständig. Die folgende Kerze ist immer etwas kleiner als die vorhergehende.

3) Die Dochte oberhalb der zweiten und dritten weißen Kerzen sind verhält-nismäßig lang. Diese langen Dochte müssen als Signal zur Trendwende ge-wertet werden.

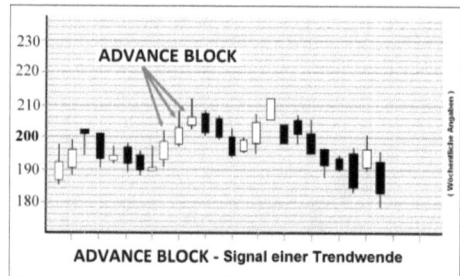

ADVANCE BLOCK - Signal einer Trendwende

Der ADVANCE BLOCK stoppt den Aufwärtstrend. Dies muß jedoch mit-tels einer schwarzen Kerze in der fol-genden Sitzung bestätigt werden.

DELIBERATION

Die Kerzenkonfiguration DELIBERATION besteht aus drei weißen Kerzen und drückt die Unentschlossenheit der Börsianer nach mehreren Sitzungen im Aufwärtstrend aus.

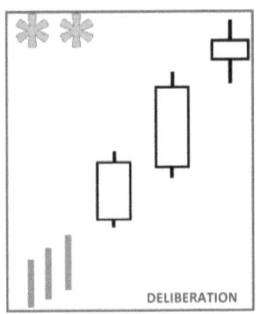

Sie ähnelt dem BEARISH ADVANCE BLOCK, unterscheidet sich jedoch in Form und Position insbesondere der dritten weißen Kerze.

Konfiguration:

1) Die erste weiße Kerze ist nicht besonders groß.

2) Die zweite weiße Kerze übertrifft in Größe die erste Kerze, kann sogar bedeutend Größer als diese erscheinen.

3) Die dritte weiße Kerze ist klein und wie ein Stern bedeutend höher positioniert oder nur geringfügig in die zweite Kerze hineinragend.

Sowohl die Dochte als auch die Lunten, ob lang oder kurz, besitzen überhaupt keine Aussagekraft.

Wichtig:
Ist die letzte, also dritte weiße Kerze ein DOJI, so wird aus der Konfiguration der Ungewißheit ein Signal der Konsolidation.

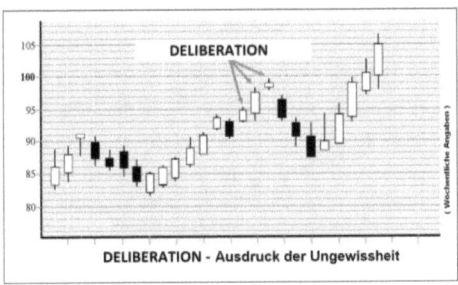

DELIBERATION - Ausdruck der Ungewissheit

SIDE-BY-SIDE WHITE LINE BULLISH

Die Kerzenkombination SIDE-BY-SIDE WHITE LINE BULLISH ist ein starkes Signal der Kontinuität, den Aufwärtstrend fortzusetzen.

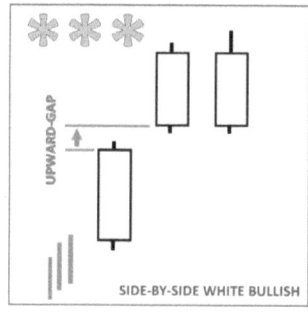

Komposition:

1) In einem Aufwärtstrend ist eine große weiße Kerze von einer weiteren weißen Kerze gefolgt. Diese zweite weiße Kerze ist oberhalb eines UP-WARD-GAP zu der ersten weißen Kerze positioniert.

2) Diese zweite weiße Kerze wird in der dritten Sitzung kopiert, nur der Docht der dritten weißen Kerze ist Größer als der der zweiten Kerze.

Börsenlogik: Die erste große weiße Kerze drückt den Willen der Börsianer aus, den Aufwärtstrend fortzusetzen. Die zweite Sitzung beginnt mit einem UPWARD-GAP, (Fenster aufwärts), und bezeugt, daß die Käufer bereit sind, höhere Kurse zu akzeptieren. Die dritte Sitzung befürwortet das Verhalten der Börsianer in den vorangegangenen Sitzungen und bezeugt eine Bereitschaft weitere Kurserhöhungen zu akzeptieren, siehe der höhere Docht.

Insbesondere die dritte Kerze verstärkt das starke Signal der Kontinuität, den Aufwärtstrend fortzusetzen.

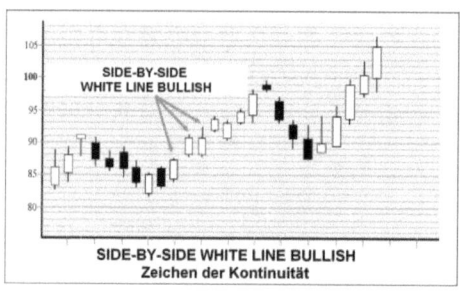

SIDE-BY-SIDE WHITE LINE BULLISH
Zeichen der Kontinuität

Trotzdem ist eine Konfirmation in der folgenden Sitzung mit einer weiteren, also vierten weißen Kerze vor Positionsnahme wünschenswert.

BULLISH SEPARATING LINE

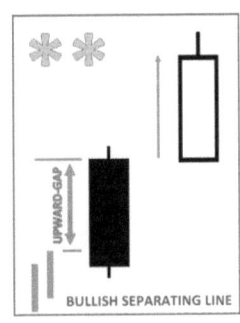

Die Figur BULLISH SEPARATING LINE ist, trotz der Präsenz einer schwarzen Kerze, eine Konstellation der Kontinuität.

Komposition:

1) Nach mehreren Sitzungen im Aufwärtstrend beginnt eine Sitzung mit einem großen UPWARD-GAP, (Fenster aufwärts), in der der Kurs stark bis in die Nähe des Körpers der vorausgegangenen Kerze wieder absinkt. Der Schlusskurs dieser schwarzen Kerze befindet sich etwa in der Höhe des Schlusskurses der vorausgegangenen Kerze.

2) Die zweite Sitzung, in der Skizze die weiße Kerze, besitzt den gleichen Eröffnungskurs wie die vorhergegangene Sitzung, siehe schwarze Kerze. Während dieser Sitzung steigt der Kurs stark an.

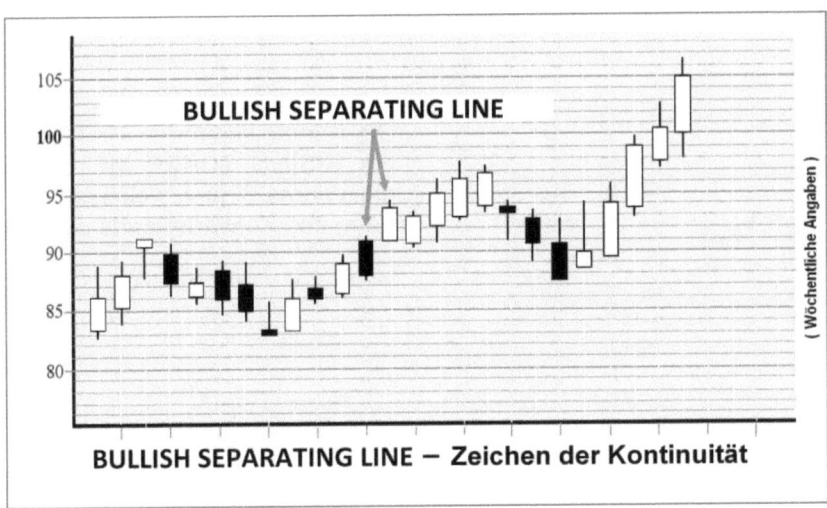

BULLISH SEPARATING LINE — Zeichen der Kontinuität

Trotz der Präsenz einer schwarzen Kerze, eine Konstellation der Kontinuität.

MAT HOLD oder RISING THREE METHODS

Die Kerzenkombination MAT HOLD oder RISING THREE METHODS besteht aus fünf Kerzen unterschiedener Farben. Es ist ein Signal der Kontinuität.

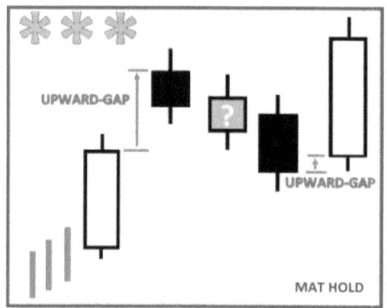

Konfiguration:

1) Die erste Kerze ist weiß und besonders groß.

2) 3) 4) Beginnend mit einem UPWARD-GAP präsentieren sich drei kleinere meist schwarze Kerzen, wobei die dritte Kerze des MAT HOLD auch weiß sein kann.

5) Die fünfte Kerze ist weiß und besonders groß. Diese fünfte Sitzung eröffnet mit einem UPWARD-GAP und besitzt somit einen Eröffnungskurs etwas über dem Schlußkurs der vorangegangenen Sitzung.

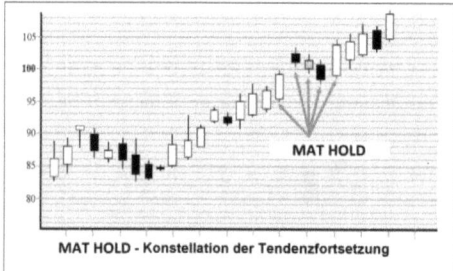

MAT HOLD - Konstellation der Tendenzfortsetzung

Die Konstellation des MAT HOLD oder RISING THREE METHODS ist ein starkes Signal, welches den Fortgang des Aufwärtstrends ausdrückt.

VIERTES KAPITEL - 4

TREND / TENDENZ : abwärts
LETZTE KERZE: schwarz

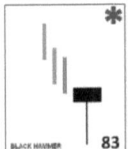

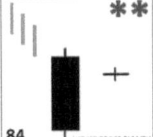

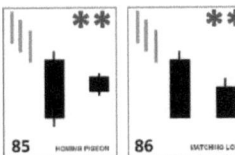

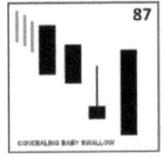

BLACK HAMMER 83

84 HARAMI CROSS BULLISH

85 HOMING PIGEON

86 MATCHING LOW

CONCEALING BABY SWALLOW 87

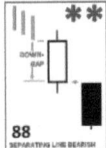

DOWN-GAP

88
SEPARATING LINE BEARISH

BLACK HAMMER

Die Figuren des BLACK HAMMER und des HANGING MAN sind identisch. Sie sind aber auch wahrscheinlich die bekanntesten Figuren des Kerzencharts.

Am Ende eines Abwärtstrends heißt diese Figur BLACK HAMMER, am Ende eines Aufwärtstrends, HANGING MAN.

Beide Figuren können sowohl schwarz, als auch weiß sein.

Der Hammer besteht aus einem kleinen Körper mit einer sehr langen Lunte. Die unterhalb des Körpers befindliche Lunte muß mindestens zweimal Größer als der Kerzenkörper sein.

Der Hammer kann ein sehr starkes Signal für einen Tendenzwechsel sein. Besonders, wenn die folgende Kerze ebenfalls einen weißen Körper besitzt.

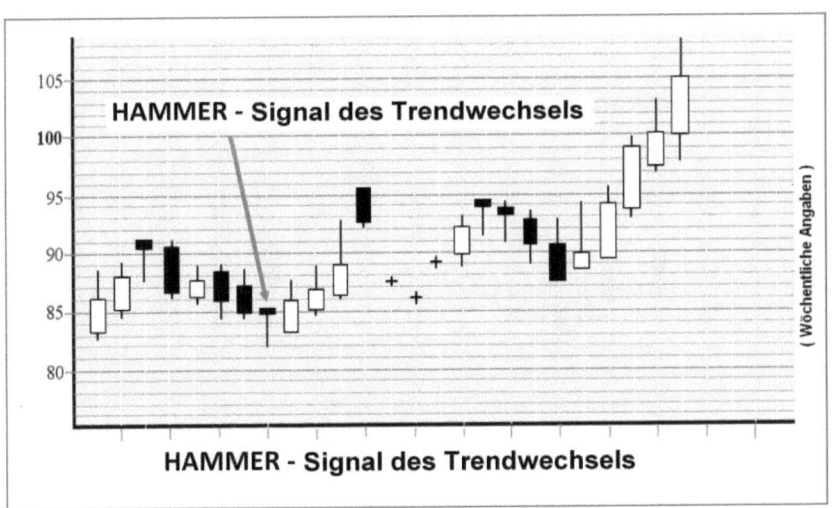

HAMMER - Signal des Trendwechsels

Warnung: Einige Trader sehen jedoch im HAMMER ein FALSCHES SIGNAL und raten zur Vorsicht!

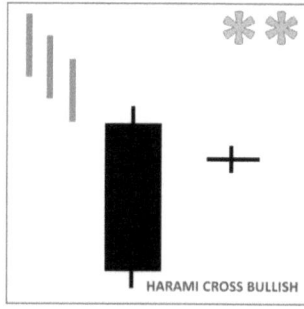

HARAMI CROSS BULLISH

Nach einem längeren Abwärtstrend signalisiert der HARAMI CROSS BULLISH eine bevorstehende Tendenzwende.

Börsenlogik: Nach mehreren Sitzungen im Abwärtstrend stellt sich eine Ausgeglichenheit zwischen Angebot und Nachfrage ein. Wenn auf den DOJI in der folgenden Sitzung eine weiße Kerze folgt, ändern die ehemaligen Verkäufer ihre Position und kaufen ihre abgegebenen Werte wieder auf. Aufgrund der gestiegenen Kaufnachfrage steigt der Kurs in den folgenden Sitzungen.

Das Umkehrsignal ist um so stärker,

1. soweit der DOJI sich in der oberen Zone der schwarzen Kerze befindet und

2. wenn der schwarze Kerzenkörper den DOJI einschließlich dessen Docht und Lunte überdeckt.

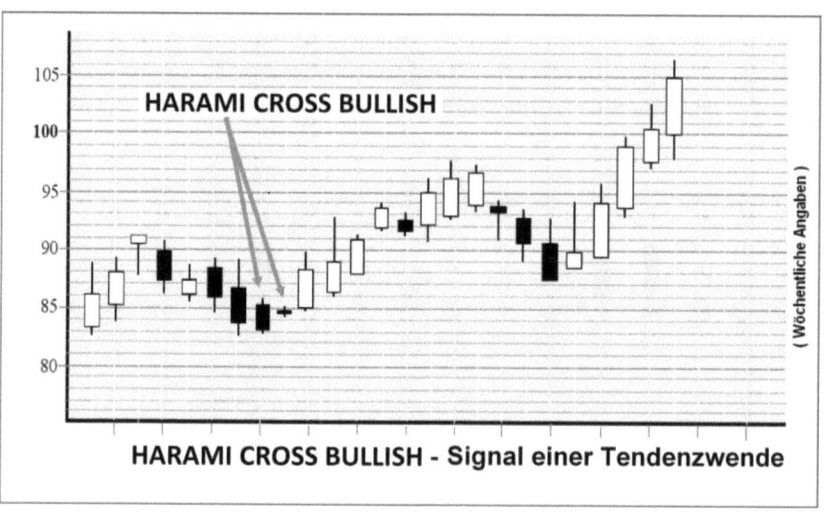

HARAMI CROSS BULLISH - Signal einer Tendenzwende

HOMING PIGEON

Zwei schwarze Kerzen in einem Abwärtstrend sollten eigentlich weitere Sitzungen im Abwärtstrend ankündigen. Beim HOME PIGEON muß dies jedoch nicht der Fall sein.

Hier wird eine große schwarze Kerze von einer kleinen schwarzen Kerze gefolgt, die sich komplett innerhalb des Körpers der ersten schwarzen Kerze befindet.

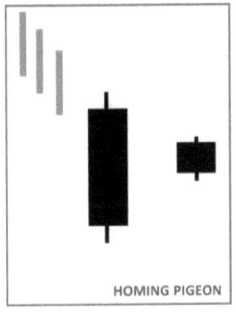

HOMING PIGEON

Zeigt sich in der nächsten Sitzung eine größenmäßig signifikante weiße Kerze, was sehr häufig vorkommt, so kündigt der HOMING PIGEON eine Trendwende an.

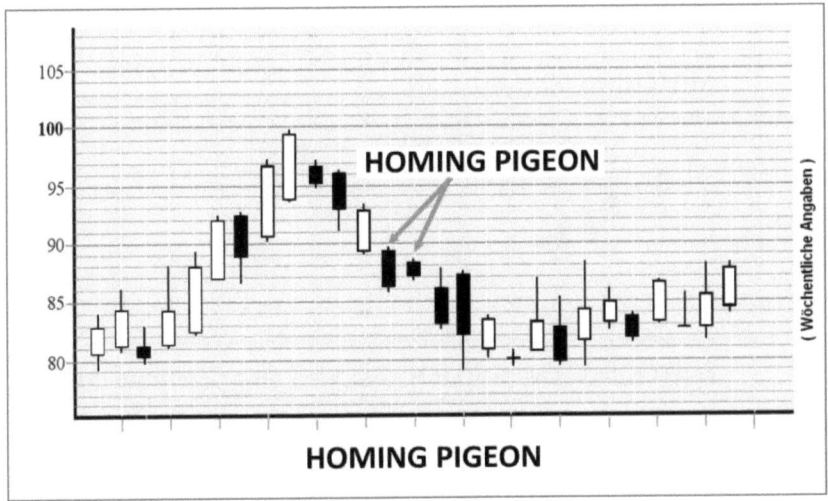

HOMING PIGEON

Wie aus der Grafik ersichtlich, der HOMING PIGEON ist hier von einer schwarzen Kerze gefolgt. Diese Kerzenkombination kann, aber muß nicht, eine Tendenzwende anzeigen!

MATCHING LOW

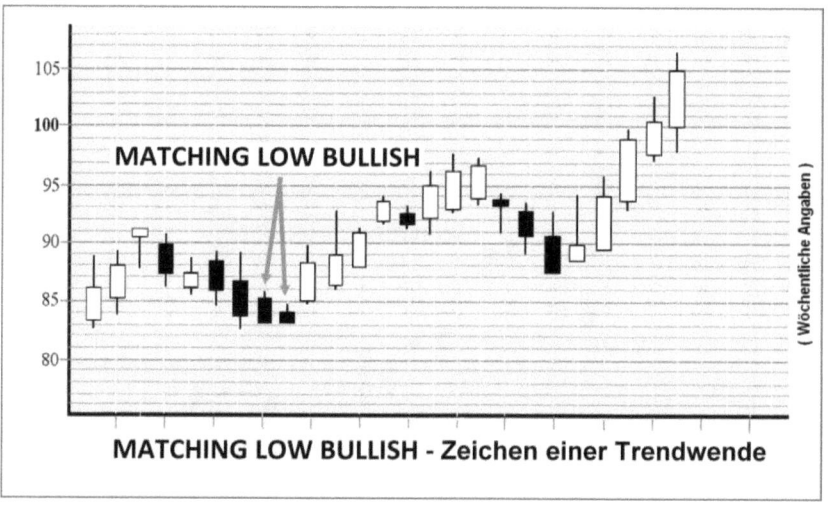

Die MATCHING LOW Kombination besteht aus zwei schwarzen Kerzen und ist ein Signal einer bevorstehenden Tendenzwende.

Das Besondere des MATCHING LOW: Beide Kerzen besitzen den gleichen Schlußkurs, der aber ebenfalls auch in beiden Sitzungen der Tiefstkurs ist.

MATCHING LOW

Wenn der MATCHING LOW als Trendwendesignal in Richtung einer Aufwärtstendenz gewertet werden soll, dann dürfen diese Tiefstkurse in keinem Fall unterschritten werden.

MATCHING LOW BULLISH - Zeichen einer Trendwende

Vor einer Positionsnahme sollte jedoch Konfirmation durch weiße Kerzen in ein oder zwei folgenden Sitzungen erfolgen.

CONCEALING BABY SWALLOW

Diese Kerzenkombination wird oft als Zeichen eines bevorstehenden Tendenzwechsels angesehen.

Betrachtet man aber die Statistiken, so stellt man fest, daß dieses Kerzenbild meist ein FALSCHES SIGNAL, also kein Zeichen einer bevorstehenden Tendenzwende, ist.

Deshalb, und nur aufgrund seines Bekanntheitsgrades, wird das CONCEALING BABY SWALLOW hier nur erwähnt, ohne ihm eine Bewertung oder Beurteilung zuzuteilen.

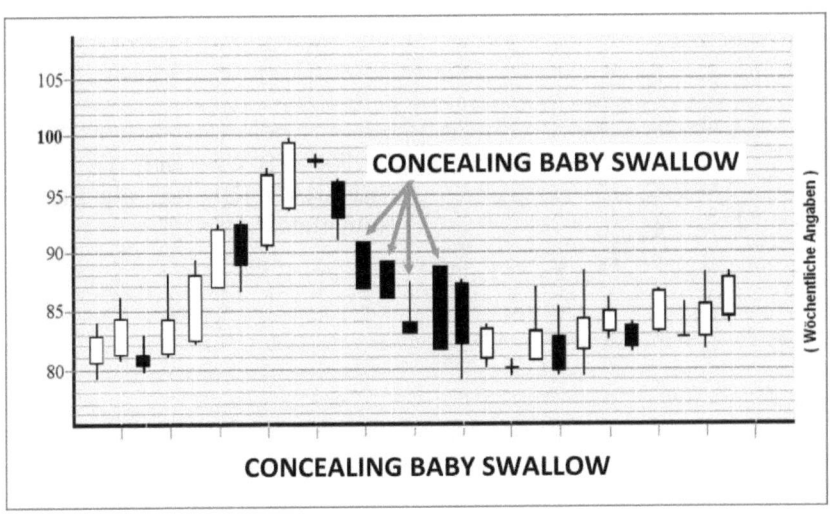

87

BEARISH SEPARATING LINE

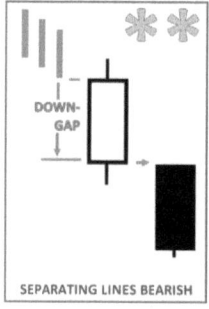

SEPARATING LINES BEARISH

Trotz Präsenz einer weißen Kerze bestätigt die BEARISH SEPARATING LINE die Abwärtstendenz.

Komposition:

1) Die erste Sitzung beginnt mit einem großen DOWN-GAP, (Fenster abwärts). Der Schlußkurs befindet sich jedoch wieder in Höhe der vorangegangenen Kerzen.

Börsenlogik: Der Eröffnungskurs ist so niedrig, daß sich die Menge der Kaufanfragen stark vermehrt und somit den Kurs im Laufe der Sitzung wieder in die Höhe treibt.

2) Die zweite Sitzung, (schwarze Kerze), eröffnet mit dem gleichen Eröffnungskurs wie dem der vorangegangenen Sitzung, (weiße Kerze).

Börsenlogik: Die Börsianer beurteilen die Kurse der vorangegangenen Sitzung zu hoch und beginnen die neue Sitzung auf dem Eröffnungsniveau der vorangegangenen Sitzung. Während dieser Sitzung, (schwarze Kerze), hält die morose Stimmung an.

Wichtig: Die schwarze Kerze darf in keinem Fall einen Docht, und sei er noch so klein, besitzen.

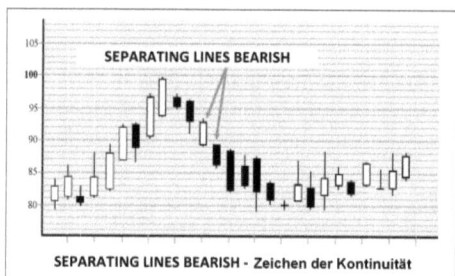

SEPARATING LINES BEARISH - Zeichen der Kontinuität

In dieser Skizze wird die BEARISH SEPARATING LINE als Signal der Kontinuität bestätigt.

FÜNFTES KAPITEL - 5

TREND / TENDENZ: abwärts
LETZTE KERZE: weiß

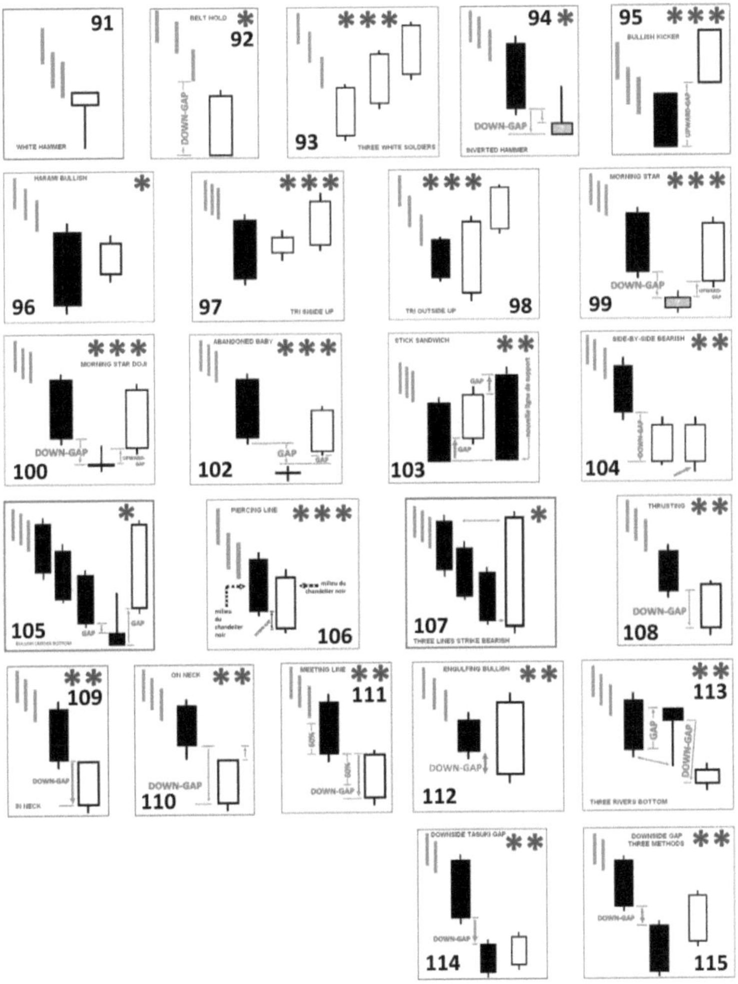

91 WHITE HAMMER	BELT HOLD ✳ 92 DOWN-GAP	✳✳✳ 93 THREE WHITE SOLDIERS	94 ✳ DOWN-GAP INVERTED HAMMER	95 ✳✳✳ BULLISH KICKER UPWARD-GAP
HARAMI BULLISH ✳ 96	✳✳✳ 97 TRI SIDE UP	✳✳✳ TRI OUTSIDE UP 98	MORNING STAR ✳✳✳ DOWN-GAP UPWARD GAP 99
✳✳✳ MORNING STAR DOJI DOWN-GAP UPWARD-GAP 100	ABANDONED BABY ✳✳✳ GAP GAP 102	STICK SANDWICH ✳✳ GAP GAP 103	SIDE-BY-SIDE BEARISH ✳✳ DOWN-GAP 104
✳ GAP GAP 105 BEA LOW USEING BOTTOM	PIERCING LINE ✳✳✳ milieu du chandelier noir 106	✳ 107 THREE LINES STRIKE BEARISH	THRUSTING ✳✳ DOWN-GAP 108
✳✳ 109 DOWN-GAP IN NECK	ON NECK ✳✳ DOWN-GAP 110	MEETING LINE ✳✳ 111 DOWN-GAP	ENGULFING BULLISH ✳✳ DOWN-GAP 112	✳✳ 113 GAP DOWN-GAP THREE RIVERS BOTTOM
		DOWNSIDE TASUKI GAP ✳✳ DOWN-GAP 114	DOWNSIDE GAP THREE METHODS ✳✳ DOWN-GAP 115

89

WHITE HAMMER

Die Figuren des WHITE HAMMER und des HANGING MAN sind identisch. Sie sind aber auch wahrscheinlich die bekanntesten Figuren des Kerzencharts.

Am Ende eines Abwärtstrends heißt diese Figur WHITE HAMMER, am Ende eines Aufwärtstrends, HANGING MAN.

Beide Figuren können sowohl weiß, als auch schwarz sein.

Der Hammer besteht aus einem kleinen Körper mit einer sehr langen Lunte. Die unterhalb des Körpers befindliche Lunte muß mindestens zweimal Größer als der Kerzenkörper sein.

WHITE HAMMER

Der Hammer kann ein sehr starkes Signal eines Tendenzwechsels sein. Besonders, wenn die folgende Kerze ebenfalls einen weißen Körper aufweist.

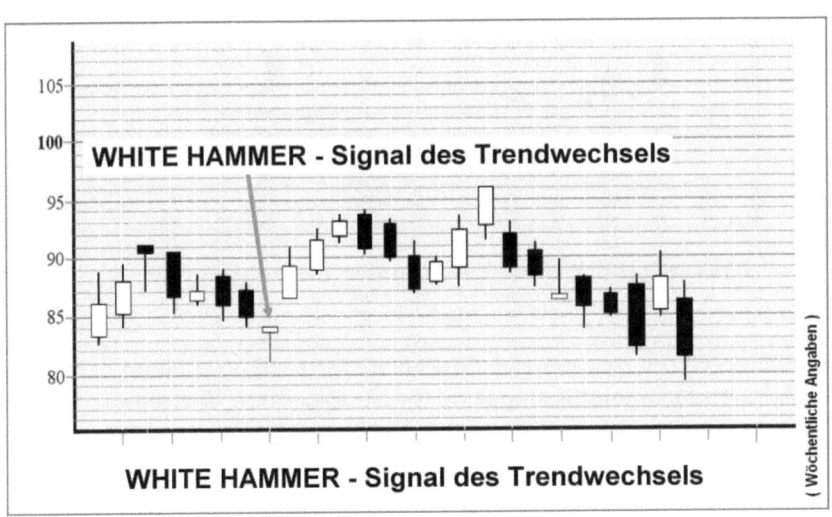

WHITE HAMMER - Signal des Trendwechsels

BELT HOLD BULLISH

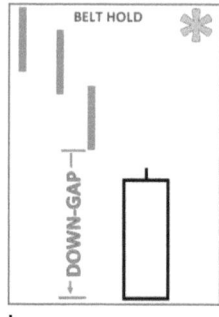

Diese Kerzenkonstellation ist Zeichen einer Tendenzwende und erscheint nur äußerst selten in den Kerzengrafiken. Es ist ein WHITE OPENING MARUBOZU am Ende einer längeren Serie von kursverlierenden Sitzungen.

Mit einem bedeutenden DOWN-GAP, (Fenster abwärts), erscheint ein WHITE OPENING MARUBOZU, eine weiße Kerze mit steigenden Kursen innerhalb der Sitzung. Der Schlußkurs stabilisiert sich sehr nach am Sitzungshöchstkurs.

Wichtig: Der WHITE OPENING MARUBOZU darf keine Lunte unterhalb des Eröffnungskurses zeigen. Um sich als Käufer zu positionieren, sollte unbedingt Konfirmation durch die folgende Sitzung abgewartet werden.

BELT HOLD BULLISH - Zeichen der Tendenzwende

Der Eröffnungskurs des WHITE OPENING MARUBOZU bildet sehr oft eine neu entstehende Unterstützungslinie für die folgenden Sitzungen.

THREE WHITE SOLDIERS

Die Kombination der THREE WHITE SOLDIERS ist ein sehr starkes Tendenzumkehrsignal.

Komposition:

1) In einem längeren Abwärtstrend erscheint eine
erste große weiße Kerze.

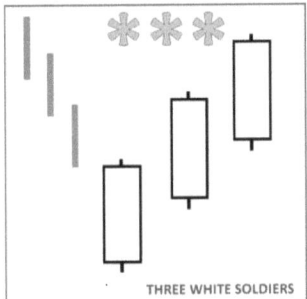

2) Die Schlußkurse der zweiten und dritten weißen Kerzen befinden sich ohne Ausnahme innerhalb des weißen Kerzenkörpers der
vorangegangenen Sitzung.

3) Die Dochte oberhalb der weißen Kerzen dürfen nur so kurz wie möglich
sein.

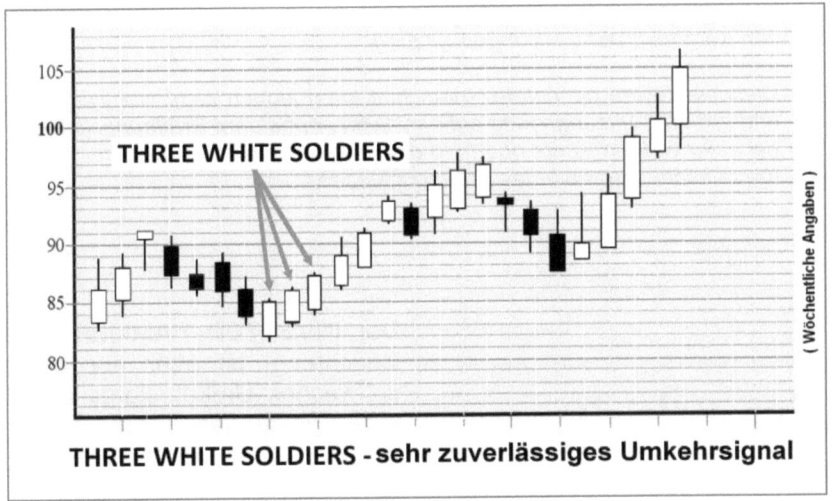

THREE WHITE SOLDIERS - sehr zuverlässiges Umkehrsignal

Diese Kombination der THREE WHITE SOLDIERS ist ein sehr starkes Umkehrsignal zu einem längeren Aufwärtstrend.

INVERTED HAMMER

Der INVERTED HAMMER erscheint im Abwärtstrend als oft zweifelhaftes Indiz einer Tendenzwende.

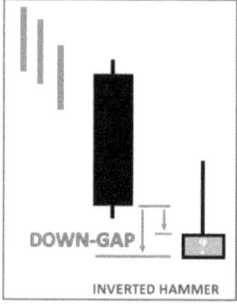

Er besteht aus einer einzigen weißen oder schwarzen Kerze mit nur kleinem Kerzenkörper, dafür aber oberhalb des Körpers eines übergroßen Dochtes.

Der Eröffnungskurs des INVERTED HAMMER, (siehe das DOWN-GAP), ist bedeutend niedriger als der Schlußkurs der vorangegangenen Sitzung, (schwarze Kerze).

Börsenlogik: Folgend dem Abwärtstrend eröffnen die Börsianer die Sitzung des INVERTED HAMMER weit unterhalb des vorangegangenen Schlußkurses. Eine zu große Kaufanfrage drückt den Kurs jedoch weit in den schwarzen Kerzenkörper der vorigen Sitzung.

Dieser aufwärts gerichtete Kursschub kann jedoch nicht stabilisiert werden und fällt zum Sitzungsende auf ein Niveau nahe dem Eröffnungskurs zurück, bei einer weißen Kerze oberhalb des Eröffnungskurses, bei einer schwarzen Kerze leicht unterhalb des Eröffnungskurses.

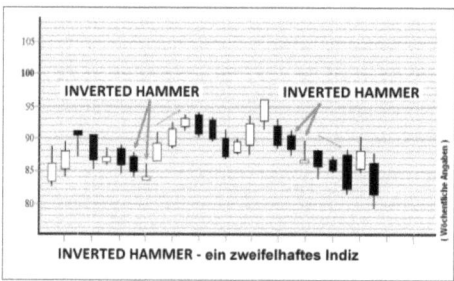

Der INVERTED HAMMER verlangt Beachtung, ist aber nur ein sehr schwaches Umkehrsignal und muß in den folgenden Sitzungen Bestätigung erhalten, bevor der Börsianer Position beziehen kann.

BULLISH KICKER

Diese Kerzenkombination ist ein relativ sicheres Trendumkehrsignal.

Bei dieser Kerzenkombination spielt die vorangegangene Tendenz nur eine kleine Rolle.

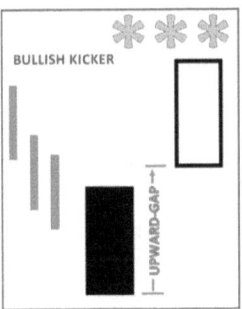

> *Börsenlogik: Der BULLISH KICKER erscheint in einer Grafik meistens bei Bekanntwerden überraschender Informationen über den bezogenen Börsenwert.*

Komposition:

1) In einem längeren Abwärtstrend positioniert sich eine sehr große schwarze Kerze.

2) Mit einem deutlichen UPWARD-GAP, (siehe Börsenlogik), beginnt eine ebenso große weiße Kerze ohne Docht und ohne Lunte, ein WHITE MARUBOZU. Diese Sitzung schließt mit dem Sitzungshöchstkurs.

Man muß notieren, daß diese Kerzenkombination, der BULLISH KICKER, also zwei Kerzen ohne Docht und ohne Lunte, in den Grafiken nur sehr selten vorkommt.

Der BULLISH KICKER ist ein sehr starkes und relativ zuverlässiges Signal einer positiven Trendwende.

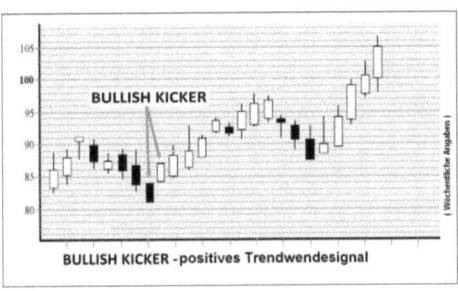

BULLISH KICKER - positives Trendwendesignal

HARAMI BULLISH

Platziert am Ende einer Serie von Sitzungen im Abwärtstrend, ist der BUL-
LISH HARAMI ein Signal der Tendenzwende.

*Börsenlogik: Jeder Anlaß den lang andauernden Kurs-
verfall zu stoppen, ist den Börsianern willkommen. Das
kann die Feststellung einer Unterbewertung des notierten Papieres oder auch nur ein unerwartetes Börsenge-
rücht sein, die Kerzenkombination HARAMI BULLISH
verdeutlicht die Neigung der Börsianer, eine Trendwende bereitwillig zu akzeptieren.*

Komposition:

1) In einem lang andauernden Abwärtstrend entsteht eine große schwarze
Kerze.

2) Die zweite weiße Kerze ist so klein, daß sie einschließlich ihres Dochtes
und ihrer Lunte voll in den Kerzenkörper der vorangegangenen schwarzen
Kerze paßt.

Der BULLISH HARAMI ist ein Signal der Tendenzwende mit mäßiger Zuverlässigkeit. Deshalb ist stets eine Konfirmation erforderlich.

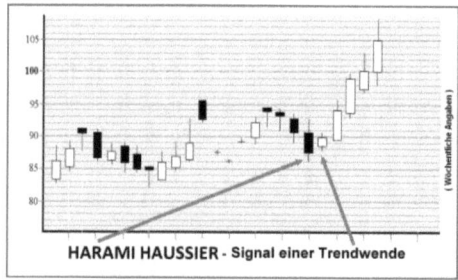

HARAMI HAUSSIER - Signal einer Trendwende

Das Signal wird in seiner Zuverlässigkeit betont, wenn die kleine weiße
Kerze in dem oberen Teil der vorangegangenen schwarzen Kerze Platz
findet

THREE INSIDE UP

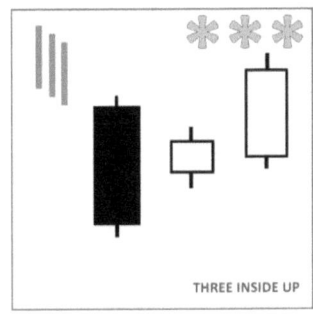

Diese Kerzenkombination beendet stets einen über mehrere Sitzungen andauernden Abwärtstrend.

Komposition:

1) Die erste Sitzung endet mit einer großen schwarzen Kerze.

2) In der zweiten Sitzung entsteht mit einer kleinen weißen Kerze die Kerzenkombination des HARAMI BULLISH.

3) Die dritte Sitzung beginnt mit einem Öffnungskurs, der sich innerhalb der vorangegangenen kleinen weißen Kerze befindet. Während dieser Sitzung steigt der Kurs sehr stark und schließt oberhalb der schwarzen Kerze einschließlich ihres Dochtes.

> *Börsenlogik: Nach einer gewissen Unschlüssigkeit der Börsianer in der zweiten Sitzung gewinnen diese ihr Zutrauen und erhöhen ihre Kaufanfragen. Je Größer die Nachfrage, desto höher steigt der Kurs.*

Wenn die Figur des HARAMI BULLISH bereits ein Signal zur Trendwende ist, so bringt die Kerzenkombination des THREE INSIDE UP die Konfirmation. Deshalb wird diese Figur auch CONFIRMED HARAMI BULLISH genannt.

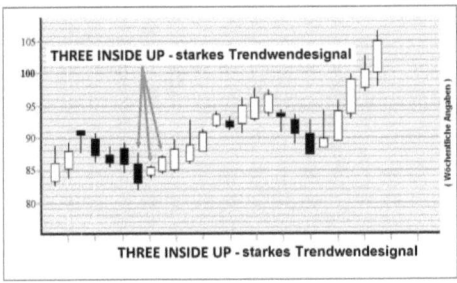

THREE INSIDE UP - starkes Trendwendesignal

THREE OUTSIDE UP

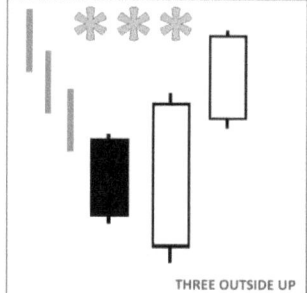

Die Kerzenkombination THREE OUTSIDE UP ist ein starkes Trendwendesignal.

Konfiguration:

1) Eine schwarze Kerze schließt die Serie der negativen Sitzungen ab.

2) Die erste weiße Kerze besitzt eine Größe, die mindestens den gesamten Körper einschließlich Docht und Lunte der vorangegangenen schwarzen Kerze überdeckt.

3) Die dritte Sitzung eröffnet mit einem Kurs, der sich im oberen Teil der vorangegangenen weißen Kerze befindet. Der Schlußkurs der zweiten weißen Kerze befindet sich weit über dem Schlußkurs ihrer Vorgängerin.

4) Die Dochte der zwei weißen Kerzen sollten so klein wie möglich sein.

La configuration des TROIS EXTÉRIEURS HAUSSIERS, plus souvent appelés THREE OUTSIDE UP, est un signal très fort de retournement de tendance.

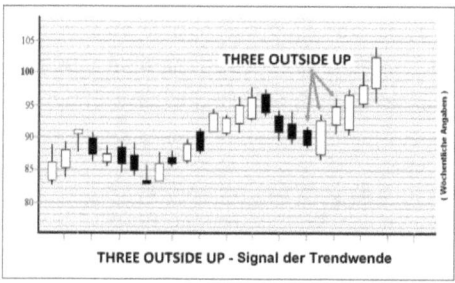

THREE OUTSIDE UP - Signal der Trendwende

Nach einer anhaltenden Serie negativer Sitzungen deutet der THREE OUTSIDE UP eindeutig zu einer Trendwende Richtung HAUSSE, (Aufwärtstrend), an.

MORNING STAR

Der MORNING STAR steht oft am Ende einer langanhaltenden Abwärtsbewegung.

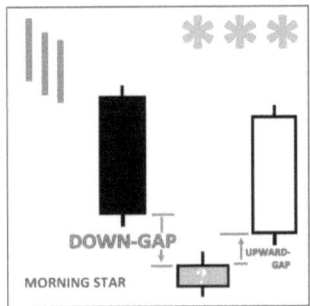

Konfiguration:

1) Eine lange schwarze Kerze zeugt von einem übermäßig großen Verkaufsangebot und wenig Interesse seitens der Käufer.

2) Die zweite Sitzung beginnt mit einem deutlichen DOWN-GAP, (Fenster abwärts). Ein kleiner Kerzenkörper mit nur wenig Docht und wenig Lunte drückt die Unsicherheit der Börsianer und ihre Unlust am Kursniveau aus. Die Farbe dieser Kerze kann Weiß, aber auch Schwarz sein und spielt nur eine untergeordnete Rolle.

3) Die dritte Sitzung, eine lange weiße Kerze, beginnt mit einem UPWARD-GAP. Der Schlußkurs dieser weißen Kerze sollte sich soweit wie möglich dem Eröffnungskurs der schwarzen Kerze nähern oder diesen sogar überbieten. Der MORNING STAR verliert an Signalwirkung, wenn diese dritte Sitzung nicht mit einem UPWARD-GAP beginnt.

Drei Eigenschaften definieren die Stärke des MORNING STAR als Signal zum Trendwechsel:

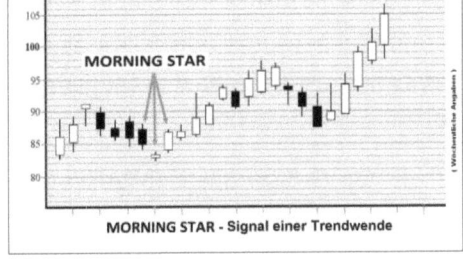

MORNING STAR - Signal einer Trendwende

1. Je kleiner die zweite Kerze einschließlich Docht und Lunte, desto stärker das Signal.

2. Je Größer das UPWARD-GAP der dritten Sitzung, desto stärker das Signal.

3. Je mehr der Körper der dritten Kerze die Größe der ersten schwarzen Kerze einnimmt, oder gar an Größe überragt, desto stärker ist das Signal.

MORNING STAR DOJI

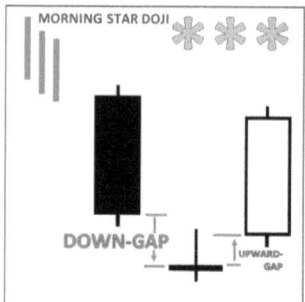

Noch aussagekräftiger als der MORNING STAR ist der MORNING STAR DOJI in seiner Funktion als Signal einer Trendwende.

Konfiguration:

1) Eine lange schwarze Kerze zeugt von einem übermäßig großen Verkaufsangebot und wenig Interesse seitens der Käufer.

2) Die zweite Sitzung beginnt mit einem deutlichen DOWN-GAP, (Fenster abwärts). Der Kerzenkörper ist ein DOJI mit wenig Lunte und etwas mehr Docht. Er drückt die Unsicherheit der Börsianer und ihre Unlust am Kursniveau aus.

3) Die dritte Sitzung, eine lange weiße Kerze, beginnt mit einem UPWARD-GAP. Der Schlußkurs dieser weißen Kerze sollte sich soweit wie möglich dem Eröffnungskurs der schwarzen Kerze nähern oder diesen sogar überbieten. Der MORNING STAR verliert an Signalwirkung, wenn diese dritte Sitzung nicht mit einem UPWARD-GAP beginnt.

Zwei Eigenschaften definieren die Stärke des MORNING STAR DOJI als Signal zum Trendwechsel:

1. Je Größer das UPWARD-GAP der dritten Sitzung, desto stärker das Signal.

2. Je mehr der Körper der dritten Kerze die Größe der ersten schwarzen Kerze einnimmt, oder gar an Größe überragt, desto stärker ist das Signal.

Diese Grafik zeigt den MORNING STAR DOJI der vorhergegangenen Seite.

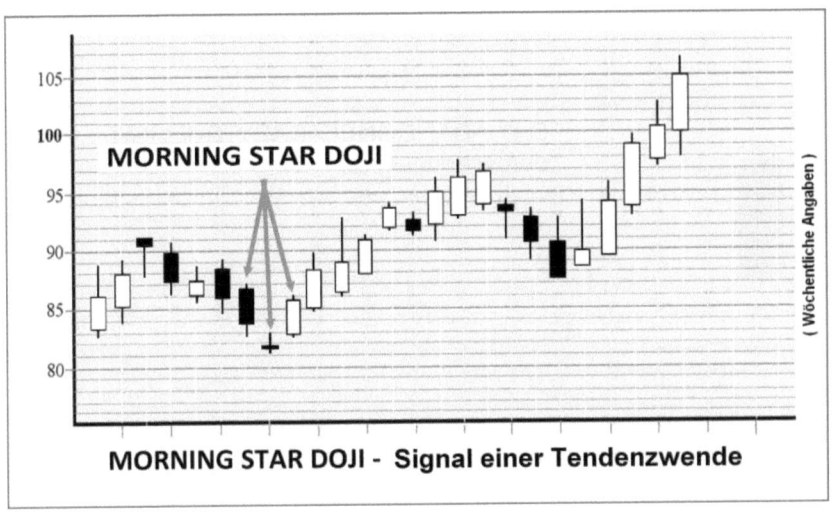

Diese Grafik zeigt den ABANDONED BABY BULLISH der folgenden Seite.

ABANDONED BABY BULLISH

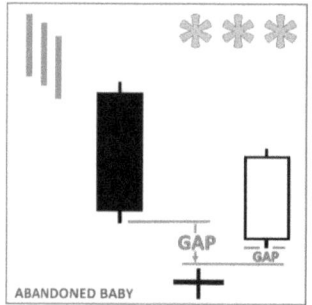

Das ABANDONED BABY BULLISH ist ein Tendenzwendesignal.

Komposition:

1) In einem Abwärtstrend entsteht sich eine große schwarze Kerze.

2) Die darauffolgende Sitzung beginnt mit einem DOWN-GAP, (Fenster abwärts). Der Kerzenkörper ist ein DOJI mit nur kurzem Docht und wenig Lunte.

3) Die dritte Sitzung beginnt mit einem UPWARD-GAP, (Fenster aufwärts).
Während dieser Sitzung steigt sehr stark der Kurs um auf ein Maximum den
Körper der schwarzen Kerze aufzufüllen.

In dieser Konfiguration muß den Dochten und Lunten besondere Aufmerk-
samkeit geschenkt werden:

- Zwischen der Lunte der schwarzen Kerze, der Lunte der weißen
  Kerze und dem Docht des DOJI muß ein GAP, (Fenster), existieren.
  Es darf also keine Berührung zwischen den drei Figuren, schwarze
  Kerze, weiße Kerze und DOJI stattfinden.

- Aus diesem Grunde nennt man dieses Konfiguration ABANDONED
  BABY, (verlassenes Baby).

Die Konfiguration des ABANDONED BABY BULLISH wird als starkes Trendwendesignal angesehen.

STICK SANDWICH

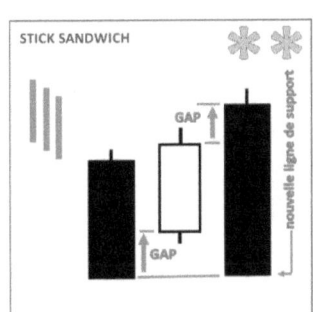

Das STICK SANDWICH wird als Signal einer bevorstehenden Tendenzwende angesehen.

Komposition:

1) In einem Abwärtstrend entsteht eine große
schwarze Kerze ohne Lunte!

2) Die darauffolgende Sitzung beginnt mit einem UPWARD-GAP, (Fenster
aufwärts). Da sich der Eröffnungskurs über dem Schlußkurs der vorangegangenen Sitzung befindet und der Schlußkurs ebenfalls höher ist als der Eröffnungskurs der vorangegangenen Sitzung, entsteht eine große weiße Kerze.

3) Die dritte Sitzung beginnt erneut mit einem UPWARD-GAP, (Fenster aufwärts), aber der Kurs erleidet einen gewaltigen Absturz. Diese dritte Sitzung
schließt mit dem Tiefstkurs, der dem Schlußkurs der ersten Sitzung, (erste
schwarze Kerze), entspricht.

> *Börsenlogik: Da die beiden schwarzen Kerzen keine Lunten besitzen, gehen
> die Börsianer davon aus, daß ausgehend von den beiden Schlußkursen der
> schwarzen Kerzen eine neu zu definierende Unterstützungslinie entsteht.
> Sollte der Kurs in den folgenden Sitzungen nicht tiefer notieren, so kann nur
> eine Aufwärtsbewegung der Kurse, oder eine neutrale Tendenz, angenom-
> men werden.*

Die Zuverlässigkeit der Voraussage
des STICK SANDWICH ist nur mittelmäßig. Deshalb ist eine Konfirmation notwendig.

Wichtig: Sollte eine der beiden
schwarzen Kerzen eine Lunte haben, und sei sie noch so klein, so ist
die Fortsetzung des Abwärtstrends
zu befürchten.

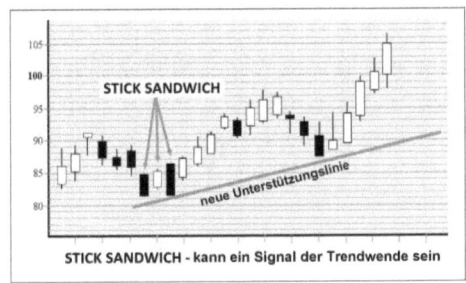

STICK SANDWICH - kann ein Signal der Trendwende sein

SIDE-BY-SIDE WHITE LINE BEARISH

Diese Kerzenkombination in einem Abwärtstrend steht für Kontinuität dieses Abwärtstrends.

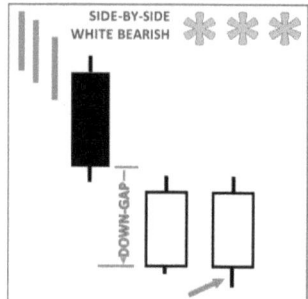

Komposition:

1) Eine große schwarze Kerze infolge eines längeren Abwärtstrends ist die Ausgangsposition.

2) Die zweite Sitzung beginnt mit einem DOWN-GAP, (Fenster abwärts), und kreiert eine weiße Kerze.

3) In der dritten Sitzung entsteht eine Kopie exakte der vorherigen weißen Kerze mit einem bedeutenden Unterschied: dessen Lunte ist länger als die Lunte der weißen Kerze der zweiten Sitzung.

Börsenlogik: Die erste, also schwarze Kerze bezeugt den Abwärtstrend.
In der zweiten Sitzung erfolgt bei Eröffnung erstmals ein Kursabsturz dargestellt mittels des DOWN-GAP, der aber sofort durch einen kräftigen Anstieg der Kaufnachfrage nach oben korrigiert wird. Der Kurs kann jedoch den Schlußkurs der vorangegangenen Sitzung nicht erreichen und läßt ein Fenster zwischen der schwarzen und dieser ersten weißen Kerze. Dies drückt die Bereitschaft der Börsianer aus, einen Kursverfall und somit die Abwärtstendenz zu akzeptieren.

Die dritte Sitzung ist eine Konfirmation des vorangegangenen Sitzungsverlaufs und betont mittels der längeren Lunte die Bereitschaft den Fortgang des Abwärtstrends zu akzeptieren.

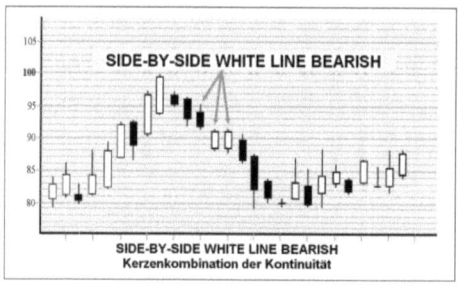

SIDE-BY-SIDE WHITE LINE BEARISH
Kerzenkombination der Kontinuität

Folgt auf diese SIDE-BY-SIDE WHITE LINE BEARISH Kerzenkombination eine weitere schwarze Kerze, so ist diese als Konfirmationsverstärkung anzusehen.

BULLISH LADDER BOTTOM

Diese Kerzenkombination deutet auf einen Tendenzwechsel zur Hausse hin.

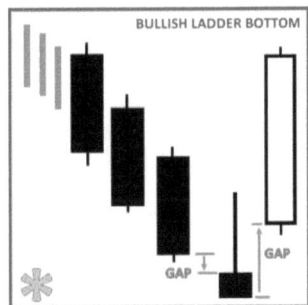

Komposition:

1) In einem länger währenden Abwärtstrend erscheinen drei besonders imposante schwarze Kerzen.

2) Nach der dritten großen schwarzen Kerze beginnt eine Sitzung mit einem DOWN-GAP, (Fenster abwärts). Die Sitzung schließt mit einem INVERTED HAMMER.

3) Die fünfte zu betrachtende Sitzung, (die erste und einzige weiße Kerze), beginnt mit einem deutlichen UPWARD-GAP, (Fenster aufwärts). Die Größe dieser weißen Kerze ist imposant, da der Schlußkurs dieser weißen Kerze identisch mit dem Eröffnungskurs der ersten schwarzen Kerze ist.

Börsenlogik: Über eine lange Periode hinweg haben die Börsianer sinkende Kurse akzeptiert. Eine Grundregel der Finanzmärkte beinhaltet jedoch, daß nach jedem Abwärtstrend ein Aufwärtstrend folgt, solange kein außergewöhnliches Ereignis notiert werden muß. Der INVERTED HAMMER ist das erwartete Alarmsignal.

Die große weiße Kerze und ihr UPWARD-GAP bringen die Konfirmation für den Trendwechsel. Es sollte jedoch in der folgenden Sitzung eine weiße Kerze erscheinen.

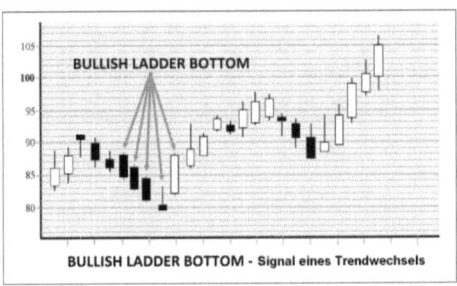

BULLISH LADDER BOTTOM - Signal eines Trendwechsels

PIERCING LINE

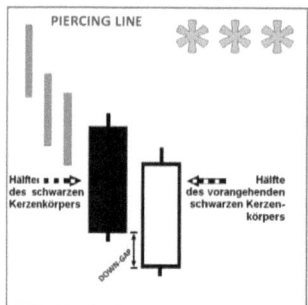

Die PIERCING LINE ist ein Signal zur Tendenzwende.

Komposition:

1) Eine lange schwarze Kerze im Abwärtstrend ist die Ausgangsposition.

2) Die folgende Sitzung eröffnet mit einem sehr beachtlichen DOWN-GAP, (Fenster abwärts). Während dieser zweiten Sitzung steigt der Kurs bis über die Hälfte des vorangegangenen schwarzen Kerzenkörpers. Der Schlußkurs der weißen Kerze liegt ebenfalls oberhalb des halben schwarzen Kerzenkörpers.

Entspricht die PIERCING LINE der angeführten Komposition, so ist dies ein relativ starkes Signal zur Trendwende.

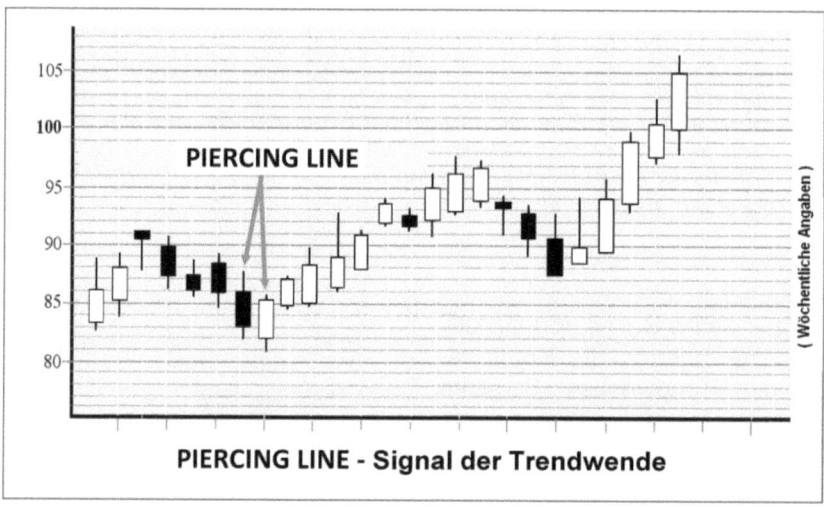

PIERCING LINE - Signal der Trendwende

Wichtig: Sollte der Schlußkurs der weißen Kerze nicht oberhalb der Hälfte des schwarzen Kerzenkörpers liegen, so wird aus der PIERCING LINE ein THRUSTING BEARISH und somit ein Signal zur Fortsetzung des Abwärtstrends!

THREE LINES STRIKE BEARISH

Dies ist eine Kerzenkomposition der Kontinuität.

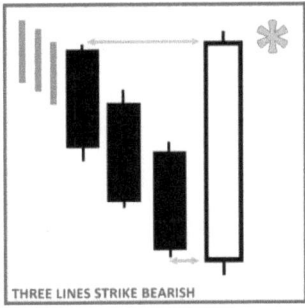

Komposition:

1) In einem längeren Abwärtstrend zeigen sich drei relativ große schwarze Kerzen, deren Eröffnungskurse sich innerhalb des jeweils vorangegangenen Kerzenkörpers befinden.

2) Die vierte Kerze ist eine übergroße weiße Kerze. Ihr Körper überdeckt die drei vorangegangenen schwarzen Kerzenkörper einschließlich deren Dochte und Lunten.

Börsenlogik: Nach mehreren negativen Sitzungen versuchen die Börsianer den Abwärtstrend zu stoppen. Der Wille der Verkäufer, weitere Größere Verluste zu verhindern, ist jedoch stärker und der Trend abwärts geht weiter.

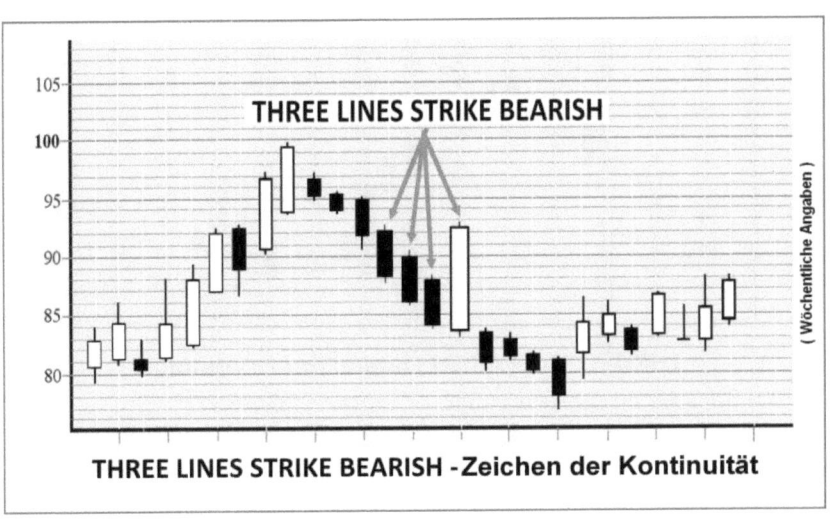

THRUSTING BEARISH

Die Kerzenkombination THRUSTING BEARISH ist trotz der Präsenz einer weißen Kerze ein Signal zur Fortsetzung des Abwärtstrends.

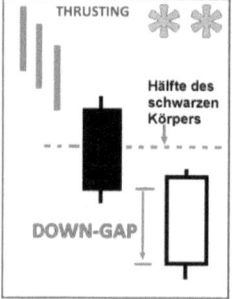

Komposition:

1) In einem Abwärtstrend steht in der ersten zu betrachtenden Sitzung eine schwarze Kerze.

2) Die zweite Sitzung beginnt mit einem imposanten DOWN-GAP. Während dieser Sitzung steigt der Kurs. Der Schlußkurs befindet sich innerhalb des Körpers der vorangegangenen schwarzen Kerze.

Wichtig: Der Schlußkurs darf sich nicht oberhalb der Hälfte des Körpers der vorangegangenen schwarzen Kerze fixieren.

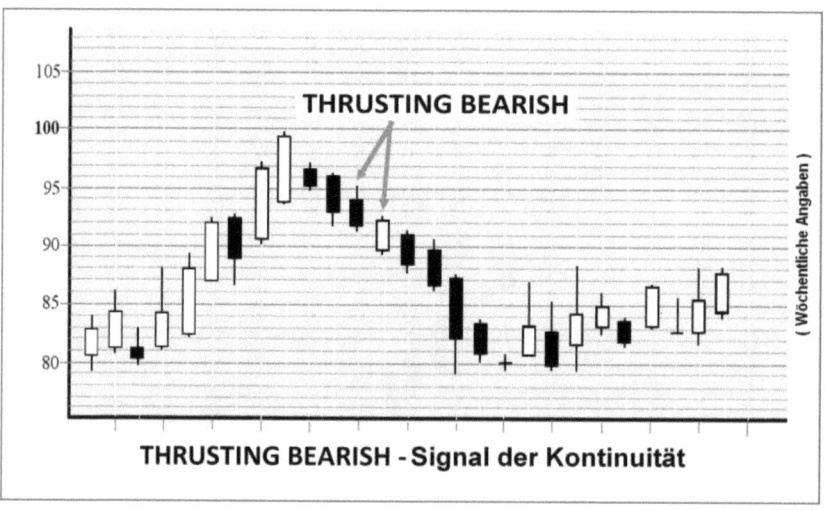

THRUSTING BEARISH - Signal der Kontinuität

Nicht zu verwechseln mit PIERCING LINE, die Kombination THRUSTING BEARISH ist ein Signal der Kontinuität.

IN NECK

Auch diese Kerzenkombination unterbricht nicht den Abwärtstrend, trotz Vorhandensein einer weißen Kerze.

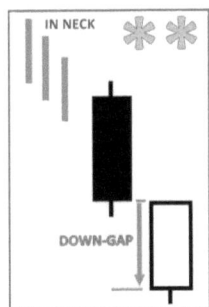

Komposition:

1) Während einer Serie von Sitzungen mit anhaltend sinkenden Kursen, (Baisse), entsteht eine relativ große schwarze Kerze.

2) Die folgende Sitzung eröffnet mit einem DOWN-GAP, (Fenster abwärts). Während der Sitzung steigt der Kurs bis auf die Höhe des Schlußkurses der vorangegangenen schwarzen Kerze. Der Schlußkurs ist bei beiden Kerzen identisch.

Wichtig: Die weiße Kerze besitzt keinen Docht!

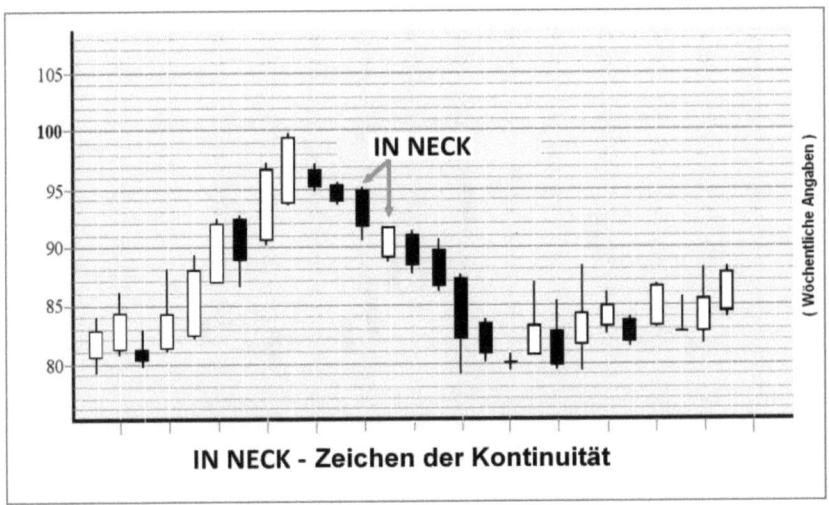

IN NECK - Zeichen der Kontinuität

Keine Positionsnahme ohne Konfirmation durch eine zuzügliche schwarze Kerze in der folgenden Sitzung.

Das IN NECK darf nicht mit der BULLISH MEETING LINE verwechselt werden.

ON NECK

Trotz Vorhandensein einer weißen Kerze, diese Kerzenkombination unterbricht nicht den Abwärtstrend.

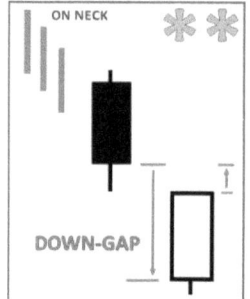

Komposition:

1) Während einer Serie von Sitzungen mit anhaltend sinkenden Kursen, (Baisse), entsteht eine relativ große schwarze Kerze.

2) Die folgende Sitzung eröffnet mit einem imposanten DOWN-GAP, (Fenster abwärts). Während der Sitzung steigt der Kurs bis in die Nähe des Schlußkurses der vorangegangenen schwarzen Kerze. Der Schlußkurs der weißen Kerze, zugleich Höchstkurs der Sitzung, liegt unterhalb des Schlußkurses der schwarzen Kerze.

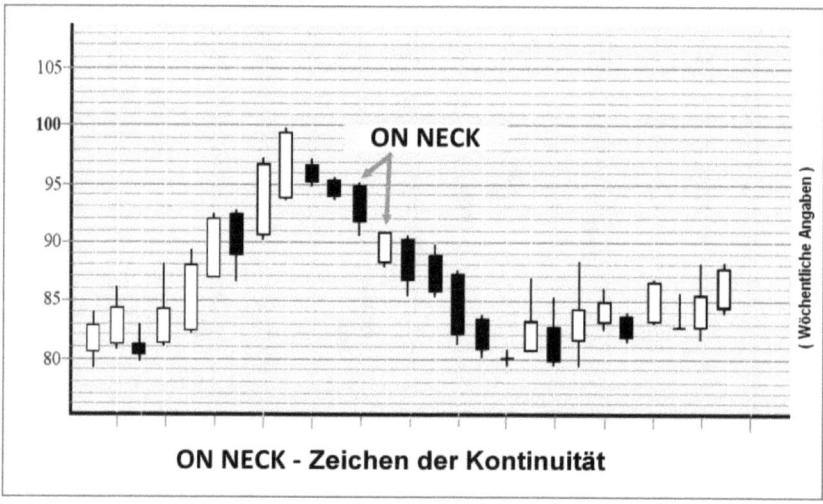

ON NECK - Zeichen der Kontinuität

Keine Positionsnahme ohne Konfirmation durch eine zuzügliche schwarze Kerze in der folgenden Sitzung.

Das ON NECK darf nicht mit der BULLISH MEETING LINE verwechselt werden.

MEETING LINE BULLISH

Diese Konfiguration ist ein Signal des Trendwechsels.

Komposition:

1) Am Ende einer Serie von Sitzungen mit anhaltend sinkenden Kursen, (Baisse), entsteht eine relativ große schwarze Kerze.

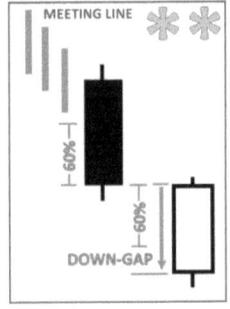

2) Die folgende Sitzung eröffnet mit einem imposanten DOWN-GAP, (Fenster abwärts). Die Größe des DOWN-GAP muß mindestens 60% des vorangegangenen schwarzen Kerzenkörpers betragen. Während der Sitzung steigt der Kurs bis in die Nähe des Schluß-kurses der vorangegangenen schwarzen Kerze.

Börsenlogik: Nach einer anhaltenden Periode der sinkenden Kurse erreicht eine ausreichende Anzahl von Kaufanfragen den Stop des Abwärtsgangs.

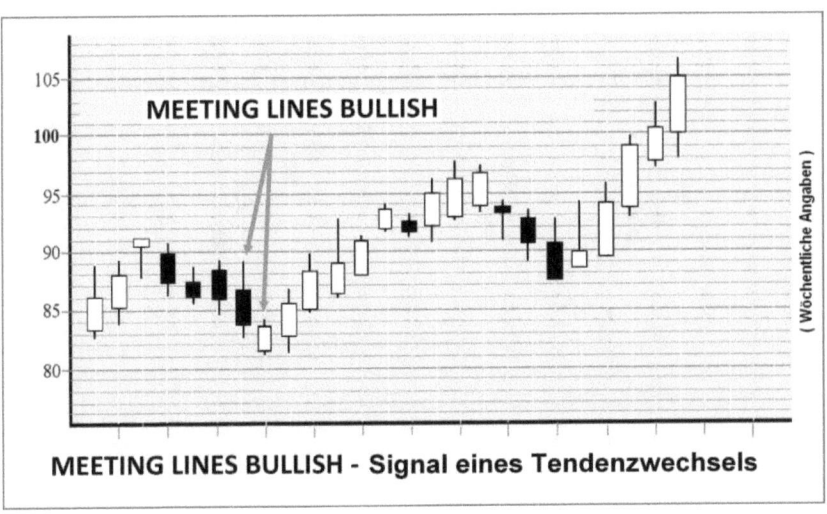

MEETING LINES BULLISH - Signal eines Tendenzwechsels

Das Signal der Tendenzwende ist relativ schwach. Deshalb müssen die nächsten Sitzungen die Konfirmation für eine Positionsnahme bringen.

ENGULFING BULLISH

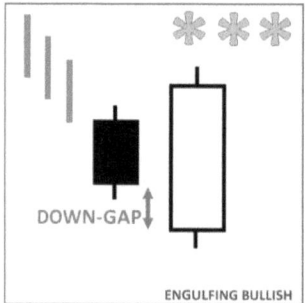

Diese Kerzenkombination ist ein starkes Signal des Tendenzwechsels und verhältnismäßig oft in den Kerzengrafiken zu finden.

Komposition:

1) Am Ende einer langwährenden Abwärtstendenz präsentiert sich eine relativ kleine schwarze Kerze.

2) Die zweite Sitzung eröffnet mit einem DOWN-GAP und einem Kurs, der sich unterhalb der Lunte der schwarzen Kerze positioniert. Während der Sitzung steigt der Kurs weit über die vorangegangene schwarze Kerze einschließlich Docht hinaus. Am Sitzungsende präsentiert sich eine übergroße weiße Kerze, die die vorrangegangene schwarze Kerze einschließlich deren Docht und Lunte vollkommen überdeckt.

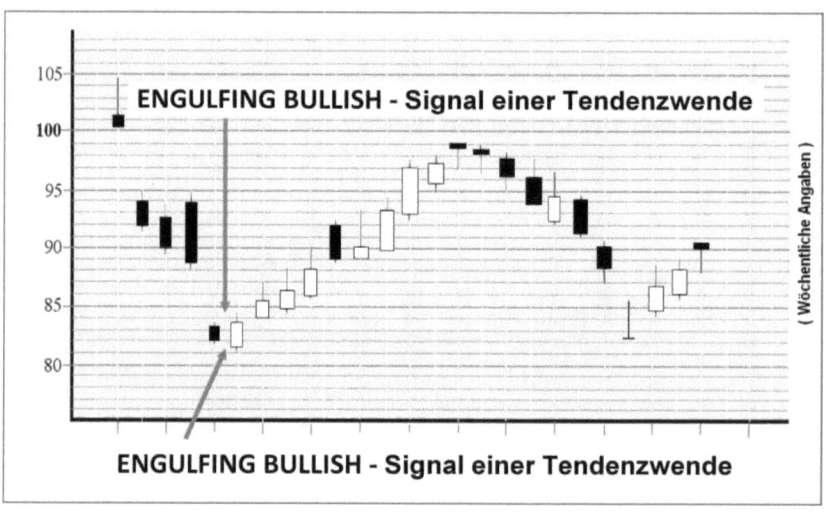

Ist die schwarze Kerze vollkommen von der weißen Kerze überdeckt, so ist diese Kerzenkombination ein sehr zuverlässiges Zeichen einer Tendenzwende zur Hausse, zum Aufwärtstrend.

UNIQUE THREE RIVER BOTTOM

Der UNIQUE THREE RIVER BOTTOM ist eine Konfiguration, die das Ende des Abwärtstrends ankündigt.

Komposition:

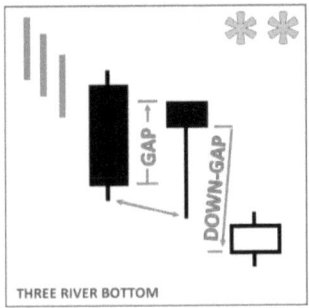

1) Am Ende einer langen Serie im Abwärtstrend steht eine große schwarze Kerze.

2) Die folgende Sitzung beginnt mit einem UP-WARD-GAP, das den Eröffnungskurs leicht unterhalb des Eröffnungskurses der vorangegangenen Sitzung postiert. Der Sitzungsverlauf produziert einen BLACK HAMMER.

3) Die dritte Sitzung beginnt mit einem DOWN-GAP, (Fenster abwärts), und bildet eine kleine weiße Kerze.

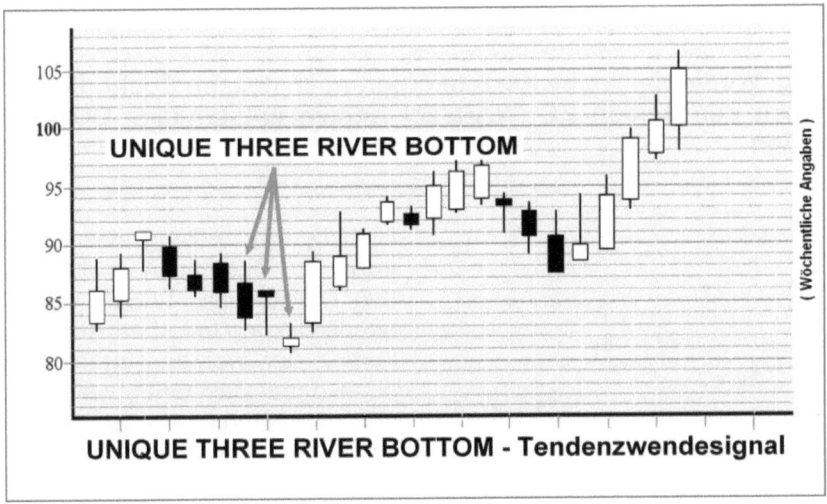

Um das Tendenzwendesignal in seiner Aussagekraft zu verstärken, muß der Eröffnungskurs des WHITE SPINNING TOP niedriger als der Tiefstkurs der vorrangegangenen Kerze sein. In der Grafik situiert sich der kleine weiße Kerzenkörper mit einem DOWN-GAP unterhalb des Dochtes des HAMMERS.

DOWNSIDE TASUKI GAP

Diese Kerzenkombination signalisiert den Fortbestand des Abwartstrends, trotz der Präsenz einer weißen Kerze.

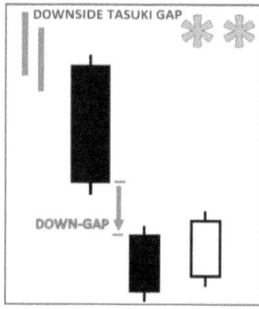

Konfiguration:

1) In einem Abwärtstrend steht eine große schwarze Kerze.

2) Die zweite Sitzung beginnt mit einem DOWN-GAP, (Fenster abwärts), und setzt den Kursabbau fort um schliesslich zum Sitzungsschluss eine schwarze Kerze mit kleinem Docht und kleiner Lunte zu fixieren.

3) Die dritte Sitzung präsentiert eine Pseudo-Umkehr der Tendenz und zeichnet mit einem kleinen UPWARD-GAP eine weiße Kerze. Der Eröffnungskurs situiert sich innerhalb des vorrangehenden schwarzen Kerzenkörpers.

Wichtig: Weder der weiße Kerzenkörper, noch dessen Docht dürfen das zwischen den beiden SCHWARZEN Kerzen entstandene DOWN-GAP schließen.

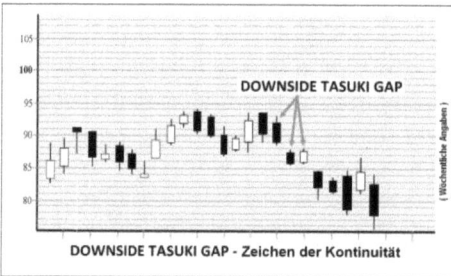

DOWNSIDE TASUKI GAP - Zeichen der Kontinuität

Um die Fortsetzung des Abwärtstrends zu bestätigen, sollte die auf den DOWNSIDE TASUKI GAP folgende Sitzung unterhalb des Schlußkurses der weißen Kerze eröffnen ohne dabei das GAP, welches zwischen der schwarzen Kerze der zweiten Sitzung und der weißen Kerze entstanden ist, zu schließen.

DOWNSIDE GAP THREE METHODS

Trotz der Präsenz einer weißen Kerze ist diese Kerzenkombination als Kontinuitätszeichen anzusehen.

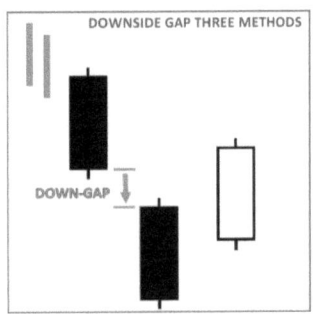

Komposition:

1) Die DOWNSIDE GAP THREE METHODS beginnen stets dem Abwärtstrend folgend mit einem imposanten Kursabfall in der ersten Sitzung.

2) Die zweite Sitzung eröffnet mit einem DOWN-GAP, (Fenster abwärts), und erstellt eine ebenso große schwarze Kerze verglichen mit der Vorangegangenen.

3) Die dritte Sitzung ist von einer Konsolidierung beherrscht. Der Eröffnungskurs befindet sich innerhalb des ersten schwarzen Kerzenkörpers ohne dabei zu weit in diesen schwarzen Körper einzudringen. Es entsteht weiße Kerze, die das von den beiden schwarzen Kerzen geöffnete DOWN-GAP schließt.

Die DOWNSIDE GAP THREE METHODS erfordern unbedingt Konfirmation in den folgenden Sitzungen.

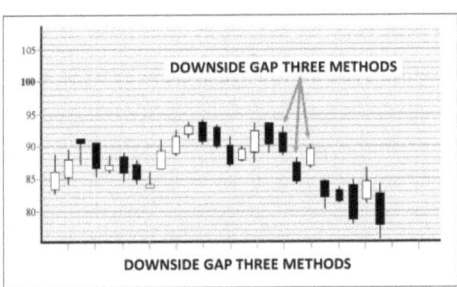

Die Tendenzvoraussage dieser Kerzenkombination ist nicht besonders zuverlässig. Zahlreich sind die Trader, die dieser Figur anstelle des Signals der Kontinuität ein Zeichen eines bevorstehenden Tendenzwechsels sehen.

TREND / TENDENZ: auf- oder abwärts
LETZTE KERZE: ein DOJI

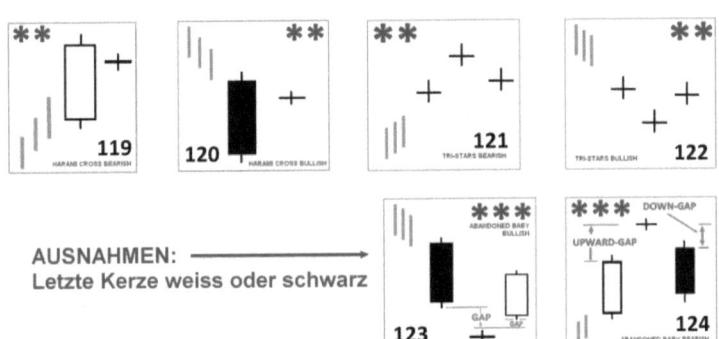

AUSNAHMEN:
Letzte Kerze weiss oder schwarz

HARAMI CROSS BEARISH

Der HARAMI CROSS BEARISH am Ende eines länger während Aufwärtstrends ist ein Wendesignal
zur Baisse.

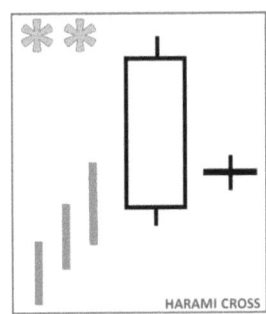

*Börsenlogik: Nach einer Vielzahl von Sitzungen im Auf-
wärtstrend halten viele Börsianer den Moment als ange-
messen, an eine Gewinnmitnahme zu denken. Die
Kaufnachfrage verringert sich, wogegen die Verkaufsangebote zunehmen.*

Die Aussagekraft als Wendesignal ist umso stärker,

1. je tiefer der DOJI, also die zweite Kerze, im unteren Teil der vorangegangenen weißen Kerze platziert ist,

2. und der weiße Kerzenkörper groß genug ist, den DOJI einschließlich
Docht und Lunte zu umschließen.

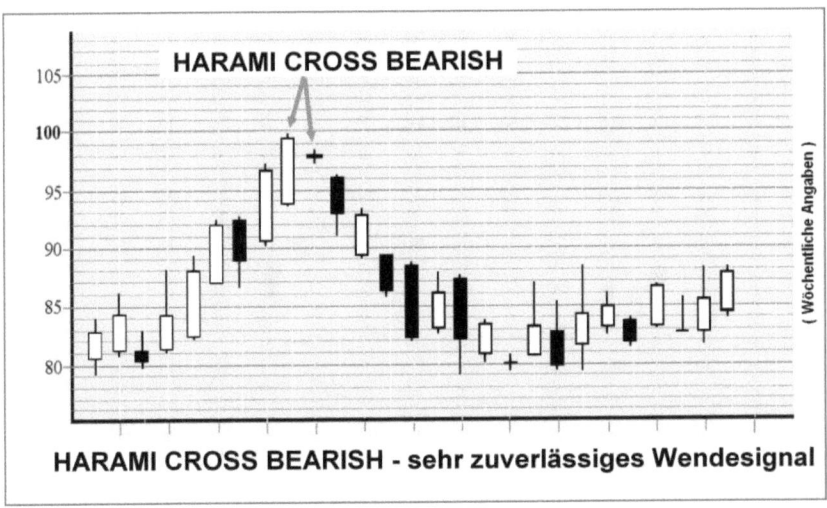

Der HARAMI CROSS BEARISH wird als starkes Wendesignal angesehen.

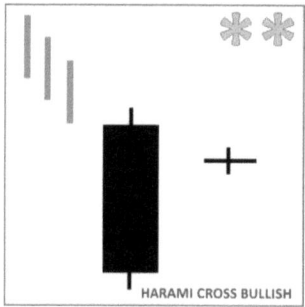

Der HARAMI CROSS BULLISH am Ende eines länger währenden Abwärtstrends ist ein Wendesignal zur Hausse.

Börsenlogik: Nach einer längeren Phase im Abwärtstrend wird der Kurs als unterbewertet angesehen. Eine plötzlich einsetzende Börsendynamik läßt die Kaufanfragen stark ansteigen. Dies wiederum bewirkt einen sofortigen Tendenzumschwung.

Die Aussagekraft als Wendesignal ist um so stärker,

1. je höher der DOJI, also die zweite Kerze, im oberen Teil der vorangegangenen schwarzen Kerze platziert ist,
2. und der erste schwarze Kerzenkörper groß genug ist, den DOJI einschließlich Docht und Lunte zu umschließen.

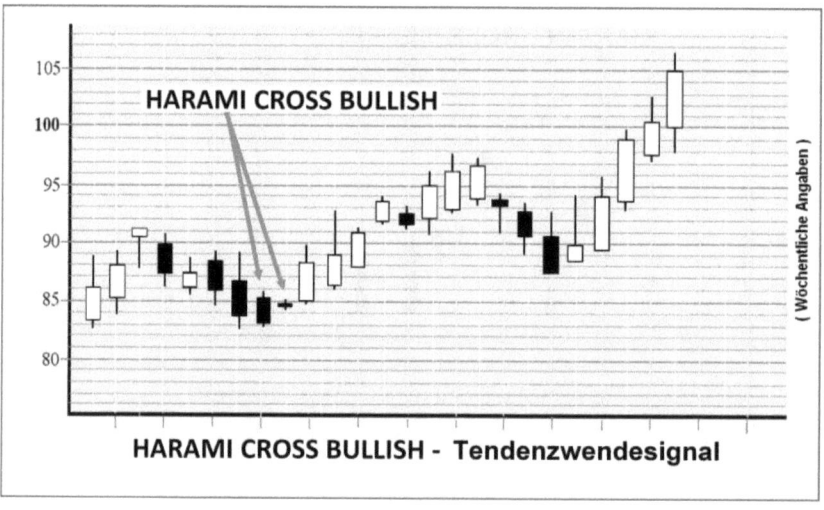

Der HARAMI CROSS BULLISH wird als relativ zuverlässiges Wendesignal angesehen.

BEARISH TRI-STAR

Der BEARISH TRI-STAR am Ende eines länger währenden Aufwärtstrends wird als Tendenzwendesignal
angesehen.

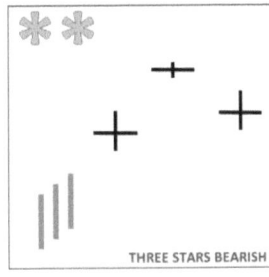

> *Börsenlogik: Wenn ein DOJI allein bereits genügt,*
> *um die Unsicherheit der Börsianer auszudrücken,*
> *so verstärkt sich diese Stimmung um ein Vielfa-*
> *ches, wenn drei DOJI in der Grafik erscheinen.*

Komposition:

1) In der ersten Sitzungen erscheint ein DOJI in einem UPWARD-GAP, (Fenster aufwärts).

2) Die zweite Sitzung eröffnet ebenfalls mit einem bedeutenden UPWARD-
GAP. Die Kerze dieser zweiten Sitzung ist ebenfalls ein DOJI mit sehr wenig
Docht und wenig Lunte.

3) Die dritte Sitzung beginnt mit einem DOWN-GAP, (Fenster abwärts), und
platziert einen dritten DOJI.

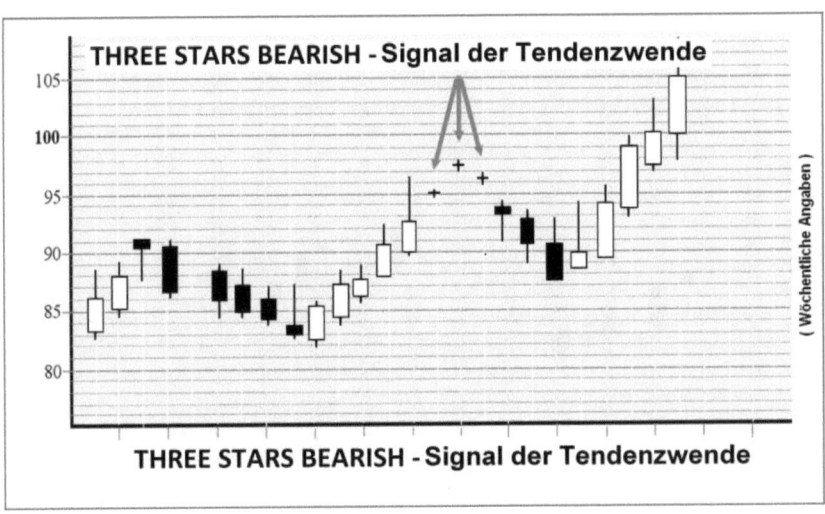

Diese Kerzenkonfiguration sieht man nur sehr selten. Sie ist jedoch mit großer
Wahrscheinlichkeit ein Tendenzumkehrsignal.

BULLISH TRI-STAR

THREE STARS BULLISH

Der BULLISH TRI-STAR am Ende eines länger währenden Abwärtstrends signalisiert sehr oft eine Tendenzwende.

Börsenlogik: Wenn ein DOJI allein bereits genügt, um die Unsicherheit der Börsianer auszudrücken, so verstärkt sich diese Stimmung um ein Vielfaches, wenn drei DOJI in der Grafik erscheinen.

Komposition:

1) In der ersten Sitzungen erscheint ein DOJI in einem DOWN-GAP, (Fenster abwärts).

2) Die zweite Sitzung eröffnet ebenfalls mit einem bedeutenden DOWN-GAP. Die Kerze dieser zweiten Sitzung ist ebenfalls ein DOJI mit sehr wenig Docht und wenig Lunte.

3) Die dritte Sitzung beginnt mit einem UPWARD-GAP, (Fenster aufwärts), und platziert einen dritten DOJI.

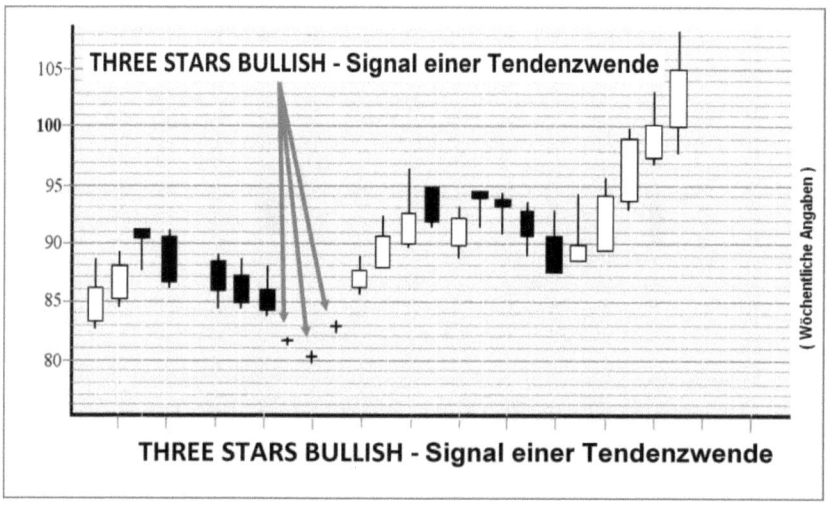

THREE STARS BULLISH - Signal einer Tendenzwende

Diese Kerzenkonfiguration ist sehr selten. Sie ist jedoch mit großer Wahrscheinlichkeit ein Tendenzumkehrsignal zur Hausse.

ABANDONED BABY BULLISH

Diese Kerzenkombination am Ende eines länger währenden Abwärtstrends signalisiert sehr oft eine Tendenzwende.

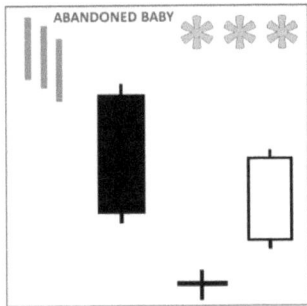

Komposition:

1) In der ersten Sitzung bezeugt eine große schwarze Kerze das Interesse der Börsianer durch massenhafte Verkäufe den Kurs weiterhin zu drücken.

2) Die zweite Sitzung eröffnet mit einem signifikanten DOWN-GAP. Der Kerzenkörper ist ein DOJI mit nur wenig Docht und wenig Lunte.

3) Die dritte Sitzung beginnt mit einem UPWARD-GAP. Während dieser Sitzung steigt der Kurs massiv an, um ein Maximum in den schwarzen Kerzenkörper der ersten Sitzung einzudringen.

In dieser Kerzenkombination spielen sowohl die Dochte, als auch die Lunten, eine wichtige Rolle:

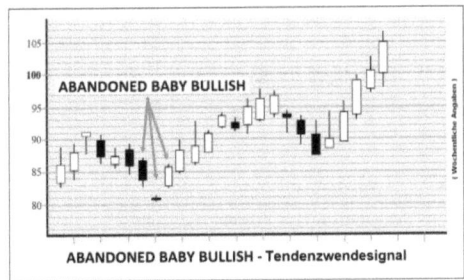

ABANDONED BABY BULLISH - Tendenzwendesignal

Zwischen der Lunte der ersten schwarzen Kerze, der Lunte der weißen Kerze und dem Docht des DOJI darf keine Berührung stattfinden.

Dies ist der Grund des Namens "Verlorenes Baby".

ABANDONED BABY BEARISH

Das ABANDONED BABY BEARISH am Ende eines länger währenden Aufwärtstrends signalisiert sehr oft eine Tendenzwende.

Komposition:

1) In der ersten Sitzung bezeugt eine große weiße Kerze das Vorhandensein eines starken Kaufinteresses.

2) Die zweite Sitzung eröffnet mit einem signifikanten UPWARD-GAP. Der Kerzenkörper ist ein DOJI mit nur wenig Docht und wenig Lunte. Er drückt die Unentschiedenheit der Börsianer aus.

3) Die dritte Sitzung beginnt mit einem DOWN-GAP. Während dieser Sitzung fällt der Kurs massiv ab, um ein Maximum in den weißen Kerzenkörper der ersten Sitzung einzudringen.

ABANDONED BABY BEARISH - Tendenzwendesignal

Auch in dieser Kerzenkombination spielen sowohl die Dochte, als auch die Lunten, eine wichtige Rolle:

Zwischen dem Docht der ersten weißen Kerze, dem Docht der schwarzen Kerze und der Lunte des DOJI darf keine Berührung stattfinden.

Dies ist der Grund des Namens "Verlorenes Baby".

ANHANG

EFFIZIENZ der Kerzenanalyse

Das KURS-GEWINN-VERHÄLTNIS

VOLUMEN - Sitzungsumsatz

Der RSI - der relative Stärke Indikator

EFFIZIENZ DER KERZENCHARTS

Japanische Kerzen Charts sind zur Voraussage von Kursveränderungen keine unfehlbaren Werkzeuge. Sie können sowohl vorzügliche, also zu befolgende Signale senden, sie können aber auch Fehlsignale erzeugen.

Die Effizienz einer Kerzenvoraussage hängt hauptsächlich von der Qualität des zugrundeliegenden Basiswertes ab. Der Basiswert kann eine Aktie, eine Schuldverschreibung, ein Derivat, ein Zahlungsmittel, ein Rohstoff oder jedes andere an der Börse gehandelte Produkt sein.

Vor jedem Investitionsvorhaben sollte der Börsianer zuerst den Basiswert genau unter die Lupe nehmen. Es genügt nicht, die momentane Situation zu sehen. Das Verhalten des Basiswertes sollte über einen längeren Zeitraum in Augenschein genommen werden. Das heißt, der Börsianer sollte sich nicht nur mit der Betrachtung eines technischen Charts zufriedengeben. Er sollte sich auch ausreichend grundlegende Informationen über den Basiswert beschaffen. Sind diese Informationen nur mittelmäßig oder gar als schlecht anzusehen, so sollten die Kerzenvoraussagen auf keinen Fall Beachtung finden.

Im Allgemeinen kann gesagt werden, je solider dieser Basiswert desto sicherer sind die Voraussagen der Kerzencharts! Daraus geht hervor: Kerzenvoraussagen über sichere Werte sollten befolgt, über weniger sichere Werte sollten nicht befolgt werden.

Aber auch wenn der Basiswert als gut oder sogar sehr gut angesehen werden kann, sollte der Börsianer vor einer Positionsentscheidung stets zur Beurteilung als zweite oder sogar dritte Chartunterstützung ein zusätzliches technisches Indiz zu Hilfe heranziehen.

Das KURS-GEWINN-Verhältnis (KGV) oder Price Earning Ratio (PER)

Eines der meistbenutzten Bewertungskriterien für ein börsennotiertes Unternehmen ist das Kurs-Gewinn-Verhältnis, kurz KGV oder auch englisch PER genannt. Auch wenn dieses KGV viele Faktoren außer acht läßt, so vermittelt es doch dem Börsianer auf einfache Art und Weise die Renditeaussichten für seine Investition.

Das KGV wird errechnet, indem der Kurs durch den ausgeschütteten Gewinn der Aktie, also durch die Dividende geteilt wird.

Die Formel lautet:

KGV = Kurs der Aktie / Gewinn je Aktie.

Generell benutzt man zu Errechnung des KGV die Zahlen der letzten Jahresbilanz oder des letzten Quartalberichtes. Trader und Finanzanalysten mit Insiderwissen benutzen jedoch oft auf laufende Geschäfte projektierte Zahlen.

Beispiel :

- Der aktuelle Kurs einer Aktie beträgt 34 Euro.
- Der ausgeschüttete Jahresgewinn betrug 4 Euro pro Aktie.
- Dividiert man den Kurs, also 34, durch den Gewinn, also 4, so erhält man 8,5.
- Das Kurs-Gewinn-Verhältnis des Beispiels ist 8,5.

Oder anders ausgedrückt: Der Investor müßte 8½ Jahre warten, um seine Kosten des Aktienkaufs zurück zu erhalten.
Daraus ergibt sich der Sinn des KOSTEN-GEWINN-VERHÄLTNIS: Je kleiner der KGV, desto preisgünstiger ist der momentane Kurs einer Aktie.

Beispiel :
Datum: 13.08.2012 Branche: Petrochemie

1.	ESSO - Kurs 57,20 Euro	**KGV = 11,88**,
2.	MAUREL ÖL - Kurs 12,94 Euro	**KGV = 8,56**,
3.	TOTAL GABON - Kurs 339,85 Euro	**KGV = 6,84**,
4.	TOTAL - Kurs 39,88 Euro	**KGV = 6,64**.

Fazit: Eine gleichmäßige Unternehmensentwicklung in der Ölbranche vorausgesetzt, ist die Aktie ESSO überbewertet, also "teuer", und der Kurs der Aktie TOTAL äußerst preisgünstig.

Oder mit anderen Worten: Bei gleichmäßiger Unternehmensentwicklung, also ohne Gratisverteilung von Bonusaktien oder dem unvorhergesehenen Auffinden eines noch unbekannten neuen Ölfeldes, muß sich der Anleger 11 Jahre und 10 Monate bis zur Amortisierung seiner ESSO Aktien gedulden, wogegen 6 Jahre und 7 Monate genügen um die Kosten einer TOTAL- Investition zurück zu erhalten.

Natürlich kann diese Vergleichsrechnung nur innerhalb einer Unternehmensbranche angewandt werden. Es wäre totaler Unsinn, das KGV einer Verbrauchermarktkette mit dem KGV eines Industrieunternehmens zu vergleichen.

Liegen die KOSTEN-GEWINN-VERHÄLTNISSE bei Industrieunternehmen relativ niedrig, (normale Durchschnittswerte liegen zwischen 7,5 und 12,5), so sind Aktien von Handelsunternehmen im Normalfall bedeutend höher bewertet, (normale Durchschnittswerte liegen zwischen 9,0 und 22,5). Die Ursache dieser ungleichen Bewertungen liegt in den unterschiedlichen Branchengewinnerwartungen seitens der Börsianer.

Außerdem ist zu beachten, daß die KGV Rechnung nicht nur von einer konstanten, über Jahre hinaus gleichbleibenden Dividendenzahlung, sondern ebenfalls von einer gleichmäßigen fast linienförmigen Unternehmensentwicklung ausgeht. Dies ist leider nur äußerst selten der Fall. Dies ist einer der Gründe, weshalb der KGV nicht ein alleiniges Kauf- oder Verkaufssignal sein kann. Er kann aber ein geeignetes zuzügliches Indiz für ein in einem Kerzenchart erschienenes Signal sein.

Das KOSTEN-GEWINN-VERHÄLTNIS, richtig interpretiert, ermöglicht aber auch in Ausnahmesituationen das frühzeitige Erkennen spekulativer Börseninterventionen. Steigt ein KGV in schwindelerregende Höhen weit über die branchenübliche Spanne hinaus, ist zu befürchten, daß sich eine sogenannte "Börsenblase" bildet, die zu höchster Vorsicht anrät. In jüngster Vergangenheit haben solche "Börsenblasen" bedeutende Schäden angerichtet von denen sich viele Kleinanleger nie erholen konnten.

VOLUMEN - SITZUNGSUMSATZ

Wenn auch der professionelle Day-trader dank seiner Berufserfahrung und dank einer korrekten Interpretation der Kerzensignale diese direkt in Positionsnahmen umzuwandeln weiß, kein logisch denkender privater Anleger riskiert sein Kapital aufgrund nur eines einzigen Kaufs- oder Verkaufssignals, egal welcher Type der technischen Analyse dieses Signal auch gesendet hat. Wer hätte den Mut, sein Kapital aufs Spiel zu setzen nur, weil im Börsenflur ein Gerücht umgeht, daß diese oder jene Aktie ein Wunder vollbringen würde?

Auch ein Kerzenchartsignal sollte eine Bestätigung erhalten. Dies kann durch ein Abwarten und Betrachtung der in den folgenden Börsensitzungen entstehenden Kerzenfiguren erfolgen. Der Börsianer hat aber auch die Möglichkeit, Bestätigung außerhalb der Kerzencharts zu erhalten.

Unter der Vielzahl von Möglichkeiten bieten sich zwei besonders an:

1. Eine meistens sofort zur Verfügung stehende Information bezüglich des KURS-GEWINN-VERHÄLTNISSES des zu erwerbende Papiers, kurz KGV genannt;

2. die erzielten Umsätze oder Anzahl der in der letzten Börsensitzung gehandelten Papiere.

Diese beiden Informationen möglichst kombiniert gewähren noch keine Garantie. Sie erhöhen jedoch den Sicherheitsgrad einer bevorstehenden Investitionsentscheidung um ein Vielfaches.

Das in einer Sitzung getätigte UMSATZVOLUMEN ist ein äußerst informationsreicher Börsenindikator. Es gibt Aufschluß über Aktivität und Umsatz und ist ein vorzügliches Barometer für die momentane Gemütsverfassung der Börsianer.

Beispiel :

- Werden nur wenige Papiere umgesetzt, so ist ein von der Kerzenanalyse gesandtes Signal nur als SCHWACHES SIGNAL anzusehen. Ist der Umsatz dagegen bedeutend, so gewinnt das Kerzensignal auch an Bedeutung.

Die Anzahl der umgesetzten Papiere gibt eine Reihe weiterer Informationen, unter anderem über die Dauer des momentanen Trends oder seiner Intensität.

Beispiel:

- Nimmt der Umsatz regelmäßig ab, so kann der Börsianer mit einer bevorstehenden Beendigung des derzeitigen Trends rechnen und diesbezüglich Position beziehen. Das Gleiche gilt bei einer ständigen Zunahme des VOLUMENS, eine Trendwende ist zu erwarten.

Das VOLUMEN vermittelt eine Vielzahl von zuverlässigen Informationen. Diese beiden Beispiele sollen nur dir Reichhaltigkeit an Informationen des Volumens veranschaulichen.

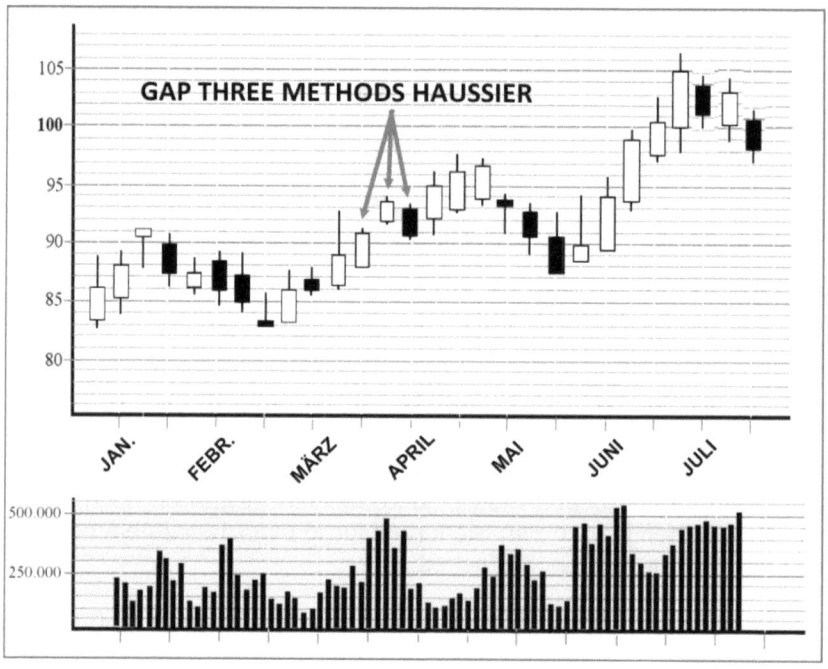

In Grafiken werden die UMSATZVOLUMEN meist mit vertikalen Balken unterhalb der entsprechenden Charts abgebildet.

R S I - Relative Strength Index
der relative Stärke Indikator

Ein äußerst erfolgreicher Begleitindikator der Kerzencharts insbesondere für die langfristige Anlagepositionierung ist der RSI, der relative Stärke Indikator.

Er ist ein Durchschnittsindikator und befaßt sich mit den Auf- oder Abwärtsbewegungen der umgesetzten Titel. Er beantwortet die Frage, ob in einem bestimmten Zeitraum der Auf- oder Abwärtstrend eines Papieres in der Überzahl war. Er zeigt an ob in einem vergangenen Zeitraum von zum Beispiel 7, 9, 14 oder 21 Tagen mehr Verkaufsangebote oder mehr Kaufanfragen vorlagen.

Wie bereits mehrmals gesagt, entwickelt der Börsenhandel in jeder Session eine Selbständige Aktionsenergie. Das heißt, findet ein Papier ein besonders starkes Interesse, so entwickelt sich eine Marktsynergie, die das gehandelte Volumen in eigentlich unverhältnismäßiger Weise erhöht.

Oder anders ausgedrückt, sobald ein Papier bei mehreren Börsianern Beachtung findet und gehandelt wird, schließen sich andere Händler diesem Trend an. Und dies ohne daß eine marktentsprechende Grundlage für ihr Handeln besteht. Dieses Phänomen oder diese Synergie steigert sich automatisch je mehr Interesse ein gehandeltes Papier besitzt.

Eine größere Kaufnachfrage erhöht den Preis, -
ein größeres Verkaufsangebot erzwingt Preisnachlässe.

Dabei kann es zu interessanten Extremen kommen. Wird ein Papier bedeutend unter dem inneren oder fairen Wert, (englisch: intrinsic value), umgesetzt, so spricht man von einem "überverkauften Papier". Wird ein Papier dagegen bedeutend über seinem inneren oder fairen Wert umgesetzt, so spricht man von einem "übergekauften Papier".

Der "innere Wert" eines Papieres entspricht dem aus einer fundamentalen Wertanalyse des Grundwertes, also des zugrundeliegenden Unternehmens oder des bezogenen Realbesitzes, hervorgegangenen "fairen" Preises.

Der RSI basiert auf den durchschnittlichen Kursveränderungen innerhalb einer Zeitperiode, wobei die Aufwärtsbewegungen mit den Abwärtsbewegungen verglichen werden. Um den RSI zu errechnen, wählt der Grafiker zuerst eine Zeitperiode aus, deren Anzahl der Tage oder Handelsmomente frei gewählt werden kann und dem Namen des RSI meistens angehängt werden, zum Beispiel RSI-7 für eine Zeitperiode von 7 Tagen, aber auch RSI-14 oder RSI-21. Ein nur wenige Handelsmomente zählender RSI, (also RSI-7 oder RSI-9), eignet sich für das Day-Trading, wogegen ein RSI-21, der also 21 Handelstage ausdrückt, sich besonders bei langfristigen Investitionen bewährt.

Der RSI wird grafisch folgendermaßen dargestellt:

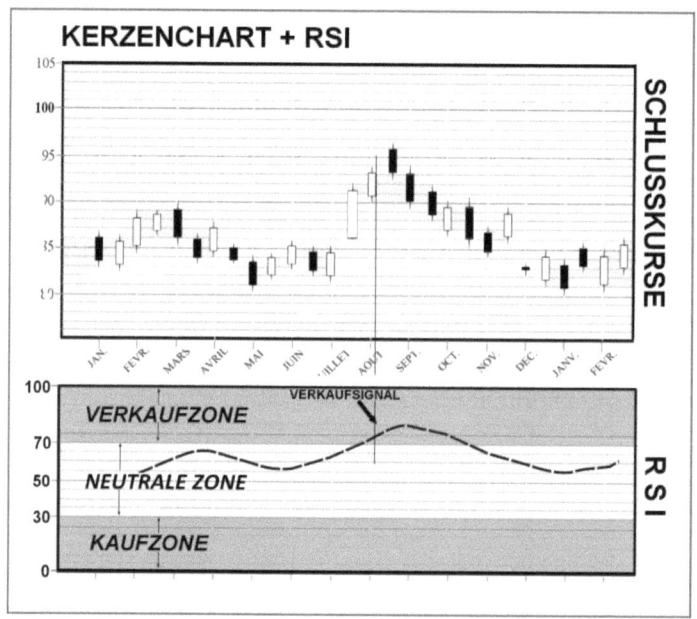

Eine solche Grafik veranschaulicht den Sinn und Nutzen des RSI:

Steigt der RSI in die Verkaufszone, das heißt steigt er über 70, so kann das Papier als "übergekauft " angesehen werden. In diesem Falle kann der Indikator in Verbindung mit einem Signal der Kerzenanalyse als ausreichend sicheres Verkaufssignal angesehen werden.

Fällt der RSI hingegen in die Kauf Zone, das heißt fällt er unter 30, so kann das Papier als "überverkauft " angesehen werden. In diesem Falle kann der

Indikator in Verbindung mit einem Signal der Kerzenanalyse als ausreichend sicheres Kaufsignal angesehen werden.

Die mathematische Errechnung des RSI lautet folgendermaßen:

$$RSI = 100 - [100 / (1+y)]$$

Das Ergebnis dieser Formel ist stets ein Wert zwischen 0 und 100.

Y ist das Ergebnis einer Division der durchschnittlichen Aufwärtsbewegungen durch die durchschnittlichen Abwärtsbewegungen.

Ein Rechenbeispiel um diese Formel besser zu verstehen:

7 Kursnotierungen: 75,73,75,77,75,80 und 76:

1. Notierung = 75
2. Notierung = 73 also -2 zur vorhergegangenen Notierung
3. Notierung = 75 also +2 zur vorhergegangenen Notierung
4. Notierung = 77 also +2 zur vorhergegangenen Notierung
5. Notierung = 74 also -3 zur vorhergegangenen Notierung
6. Notierung = 79 also +5 zur vorhergegangenen Notierung
7. Notierung = 75 also -4 zur vorhergegangenen Notierung.

Addiert man nun sämtliche Pluspunkte so ergibt dies 9 Pluspunkte, addiert man nun alle Minuspunkte, so ergibt dies 9 Minuspunkte.

In diesen 7 Notierungen hat es zufälligerweise 9 Punkte aufwärts und auch 9 Punkte abwärts gegeben.

Zur Erinnerung, die RSI-Formel lautet:
$$RSI = 100 - [100 / (1+y)]$$
Um die unbekannte Größe **y** zu ermitteln, werden zuerst die Pluspunkte, also in diesem Beispiel 9, durch die Anzahl der Notierungen, also 7, dividiert und erhält das Ergebnis 1,29. Anschließend werden die Minuspunkte, also gleichfalls 9, durch die Anzahl der Notierungen, also 7, dividiert und erhält das Ergebnis ebenfalls 1,29.

$y = 1,29/1,29 = 1$

Wiederholung der RSI-Formel:

RSI = 100 − [100 / (1+y)]
RSI = 100 − [100 / (1 + 1,29/1,29)]
RSI = 100 − [100 / (1 + 1)]
RSI = 100 − [100 / 2]
RSI = 100 − 50

Resultat: RSI = 50

Das heißt: Die vorausgegangenen 7 Notierungen ergeben einen RSI von 50 Punkten. Somit positioniert sich der RSI genau in der Mitte der NEUTRALEN ZONE. Dieser Neutralitätsbereich um die 50 Punkte herum signalisiert ein Gleichgewicht zwischen Kaufanfragen und Verkaufsangeboten, und somit auch das Gleichgewicht zwischen Käufern und Verkäufern.

Vereinfacht kann über den RSI gesagt werden, daß er in Verbindung mit den Informationen aus einem Kerzenchart eine recht zu verläßliche Hilfe zur Positionsnahme sein kann.

LITERATUR - NACHWEISE

"Technische Analyse mit Candlesticks. Alle wichtigen Formationen und ihr Praxiseinsatz" von Steve Nison und Christoph Klar
FinanzBuch Verlag – Jahrgang 2004 - ISBN-13: 978-3-898790758

"Technische Analyse mit Kerzencharts: Börsencharts mit Hilfe der Japanischen Kerzen / Candlesticks analysieren" von Helmut Schönherr – Verlag : Grin – Jahrgang 2009 - ISBN-13: 978-3-640444878

Technische Analysestrategien mit japanischen Candlesticks von Steve Nison - FinanzBuch Verlag – Jahrgang 2012
ISBN-13: 978-3-898796606

"Encyclopedia of Candlestick Charts" von Thomas N. Bulkowski
Herausgeber : Wiley – Jahrgang : 2009 ;

"Candlestick Charting Demystified" von Wayne A. Corbitt
Herausgeber: McGraw-Hill – Jahrgang : 2012
ISBN-13 : 978-0071799874 ;

"Candlestick Charting for Dummies" von Russell Rhoads
Herausgeber : John Wiley & Sons Ltd – Jahrgang : 2008
ISBN-13 : 978-0470178089 ;

"Candlestick-Charttechnik" von Thomas Gebert et Paul Hüsgen
Herausgeber : Börsenbuchverlag – Jahrgang : 2004
ISBN-13 : 978-3922669579 ;

"Technische Aktienanalyse" von Christian Schroder
Herausgeber : Grin – Jahrgang : 2007 - ISBN-13 : 978-3638651066 ;

"Les Chandeliers Japonais" – Introduction & guide premiers pas – Editor : Bod- Books on Demand – Jahrgang 2012
ISBN 13: 978-2-81061313106

"Les chandeliers Japonais, un guide contemporain sur d'anciennes techniques d'investissement venues d'Extrême-Orient" von Steve Nison – Ed. : Valor – Jahrgang 1999 - ISBN-13 : 978-2909356082 ;

"Chandeliers japonais : Figures d'indécision et de continuation" von François Baron – Ed. : Eyrolles –ISBN-13 : 978-2212547238 ;

"Maitriser l'analyse technique avec Thami Kabbaj : 10 leçons pour gagner" – von Thami Kabbaj – Ed. : Eyrolles - Jahrgang : 2011
ISBN-13 : 978-2212549560 ;

"Maximiser vos profits avec les chandeliers : Comment déceler les meilleures opportunités pour optimiser vos gains" von Stephen-W Bigalow und Antoine Dublanc – Ed. : Valor – Jahrgang : 2005
ISBN-13: 978-2909356402 ;

"Le Code secret des Bougies japonaises : Ce qui ne vous a jamais été dévoilé sur les bougies japonaises" de Felipe Tudela – éditeur : Gualino – année : 2006 - ISBN-13 : 978-2842009311 ;

"L'analyse technique des marchés financiers" von John J. Murphy Ed. : Valor – Jahrgang : 2004 - ISBN-13 : 978-2909356273 ;

"L'analyse technique expliquée" von Martin Pring – Ed. : Valor
Jahrgang : 2003 - ISBN-13 : 978-2909356303 ;

"Nouvelles approches en analyse technique" von Rick Bensigor, John Murphy, Claude Merger – Ed. : Valor – Jahrgang : 2006
ISBN-13 : 978-2909356457 ;

"Tout savoir sur l'Analyse technique" von Monique Walker
Ed. : Gualino – Jahrgang : 2008 - ISBN-13 : 978-2297004855 ;

"Candlesticks" von Geoffrey Wills – Distribution: Crown Publishers Jahrgang : 1974 - ISBN-13 : 978-0517514146 ;